小さな運送・物流会社のための

「プロドライバー」を育てる3つのルール

（株）ナルキュウ 代表取締役

酒井 誠

同文舘出版

はじめに

私は、株式会社ナルキュウという物流会社を経営しています。私が入社した22年前は、10名の小さな運送会社でした。古い民家を改造した建家が会社の事務所で、トラックもしばらく新車を買えていない状況でした。

入社当初は、ドライバーをやりながら、配車から営業、人事から給与計算、経理、トイレ掃除まですべてをこなしていました。前職は大手運送会社で新卒大学生の採用をしていましたので、現場を知らなかった私は、ドライバーの扱いの難しさや、この業界の社会からの評価の低さに落胆しました。その反面、99％が中小零細企業という業界で、頑張れば一気に事業を発展させることだって不可能ではないと希望を抱いたのです。

しかし、その道のりは想像以上に険しいものでした。無念の営業所閉鎖や、ドライバーの集団離脱も経験しましたが、28歳で社長に就任してから7年目で初の県外拠点をつくり、その後、12年間で国内6拠点を展開する物流会社へと成長することができました。

前述したように、我われトラック運送業界は、99％が中小零細企業で構成されています。

6万事業者以上の小さな会社が凌ぎを削り、生き残りをかけています。6万事業者という数字は、他に例えるとコンビニとほぼ同数です。特にここ数年で同業者数は増え続け、ますます競争が激化してきています。その要因の1つには、運送業界特有の孫請、曾孫請までも珍しくない下請構造があること。もう1つは、規制緩和で最低5台のトラックから新規の運送事業者が開業できるようになったことです。

元請け荷主が実運送をしない場合、段階的にマージンを差し引かれながら、小さな運送会社が安い運賃で実運送を行ないます。そうした小さな運送会社では、社長も毎日ハンドルを握り、ドライバーや従業員の社会保険の加入などは後回し、新車トラックがなかなか買えないなどの悩みがあります。さらに、たびたび事故を発生させてしまうという、悪いスパイラルに陥ることも少なくありません。

しかし、小さな運送会社の中にも、力強く生き延びてきた会社も多くあります。その成長の源が、本書のテーマである「プロドライバーを育てる」ということです。

1人の優秀なドライバーを育てると、良い影響が周囲にも広がり、プロドライバー集団がつくれるようになります。プロドライバー集団をつくることで、運送事業者の「悩み」は半分になるはずです。

また、運送というのは、必ずドライバーが接する相手がいます。荷主担当者から、取引先の社長さん、送り先の町工場の奥さんまで、我々の取引相手はいつでも「人」です。

我われ運送業は、サービス業です。人を育て、人との関わりを通じ、「お客様に大切にされる運送会社」になることを目指したいものです。そのためにも、我われはプロとして備えなくてはならない技能をきちんと身につけ、事故を起こさないことで、荷主に貢献し、その結果として、利益を積み上げ、お客様から大切にされる会社になっていくのです。

本書では、私が中小物流会社の社長として多くのドライバーを育て、管理者を指導していく中で実際に悩んだこと、挫折したこと、やり遂げたことなどを現場の目線で書きました。

上手な採用方法や、プロドライバーの育成、セールスドライバーの活用、事故の削減、新規荷主の開拓、トラックドライバー・コンテストへの挑戦などといった具体的なノウハウは、小さな運送・物流会社が優良な荷主との取引を実現するための大きなヒントとなるはずです。きっと皆さんが、現在抱えている悩みや不安が半分になることでしょう。

私自身も、厳しいこの業界で生き残るために必死の毎日ですが、私の体験が、少しでも皆さんの参考になり、お役立ていただければ幸いです。

平成二五年七月

酒井　誠

目次

3章 戦力となるドライバーを見抜く「採用面接」のコツ

6章 個性を最大限に活かす「プロ集団」のつくり方

7章 顧客満足度を大幅にアップする「セールスドライバー」の育て方

8章 ドライバーのモチベーションアップを促すしくみ

9章

成長し続ける組織をつくろう

装幀　齋藤　稔（G-RAM）
本文DTP　明昌堂

1章

プロドライバーの育成が業績アップのカギ

1 小さな運送会社でも大手に勝てる！

私が経営する株式会社ナルキュウは創業60年を迎えた小さな運送会社です。叔母から会社を譲り受けて20年、「小さな運送会社でも必ず大手に勝てる！」という思いを抱きながら業績を積み上げてきました。

私の会社の社是は「小さな一流企業を目指して、社会に貢献できる人づくり、会社づくり」です。

99％が中小零細企業の集まりである運送業では、1％の大手が保有するような大規模な教育施設、最新鋭の整備工場は持てませんし、求人や営業のためのＣＭなどを打つことはできません。しかし、地味であっても、中小ならではの工夫を凝らした活動を通じ、**大手に負けない人材を育てることはできます**。

運送事業者に限ったことではありませんが、人材はとても重要です。我われ運送業では、製造業などとは異なり、複数台の機械（トラック）を1人で操作（運転）することができません。どうしても「人」を頼りにするしかないのです。

国土交通省は2015年に14万5000人のドライバーが不足するとの予測を発表しました。少子高齢化、若者のクルマ離れなどで運送事業を支えるドライバー不足が広がってきています。

さらに、若い世代がドライバーになりにくい法規制もネックとなっています。それは「中型免許」の制度です。

ひと昔前は、18歳で普通運転免許を取得すれば、いわゆる「4トン車」にすぐに乗ることができました。高校を卒業した新卒の4トンドライバーは今はおりません。それは20歳以上が受験資格の「中型免許」がないと4トン車を運転できなくなったからです。

高校新卒ドライバーを大量採用し続けてきた大手運送事業者も、若手の確保には頭を悩ませているようです。

若い世代に改めてドライバー職の魅力を感じてもらい、いかに多くの若手ドライバーを確保していくかということが、これからの運送事業者全体のテーマとなるでしょう。

我われは、資本力では大手に勝てませんが、小さな運送会社だからこそ、このドライバー不足に対応していくことができます。それは、小さい会社こそ「良い人材を育てる」ことができる企業文化を築き上げやすいからです。具体的には、

①他業界からの転職者を増やす

②若い世代に運送事業の魅力を感じてもらい、ドライバー不足に備える

ということです。

一般的に、中小零細の運送事業者は、他業界からの転職者よりも即戦力となる経験者を採りたがる傾向があるように思います。

しかし、私の経験からすると、むしろ未経験者を一から教え込んで戦力にするほうが魅力ある人材、「会社に利益をもたらす」人材に育てやすいと思うのです。小さい会社ほど経営者の考えがドライバーにストレートに伝わりやすく、場合によっては、同乗教育などで直に育成できるという大手にはできない機動力があるからです。

私の会社には、20代の若手のドライバーがたくさん入社してくれるようになりました。小さな会社ですが、大手に引けを取らない、きめ細かな個別指導法や育成責任者制度を設け、全国トラックドライバー・コンテスト（昭和44年から続く、事業用ドライバーにとって唯一の競技会。全国大会では150名ほどのドライバーが参加し、最高得点者には内閣総理大臣賞が贈られる）の4トン部門で優勝したリーダーがマンツーマンで新人研修を行なっています。

小さな会社では、良いアイデアや改善しなくてはならないことが決まれば、今日からでもすぐに実践できます。お金もかけなくても、できることからでいいのです。

私は、先程紹介した社是を額縁に入れ、社内の一番目立つ場所に飾るところから始めました。最初は、ドライバーからは失笑され、からかわれましたが、次第に「社長の考えている一流って何？」という問いかけもされるようになりました。

そうした成果もあり、社員10名から始まった会社が、いまや国内6カ所に拠点展開するようになりました。私は、さらに事業を展開し、グローバルな運送会社にしたいという目標も持っています。

運送業には、小さな会社でも大きいチャンスをつかめる可能性があると思います。物を運ぶという経済活動は絶対になくなりません。**物流の終点が「人」であることも変わらない**と思います。

大きなチャンスを小さな会社がつかむには、やはり人材育成が最重要課題となります。本書では、私が実際に試行錯誤して成果の出た、人材の募り方、選び方、育て方を公開したいと思います。

2 小さな運送会社が下請に甘んじてはいけない理由

我われ運送業では、下請、孫請、曾孫請……と、3次、4次以降の下請業者が運送実務（実運送）を行なうこともあります。当然、そういった商流には中間マージンが発生します。よって、実運送を行なう運送事業者は必然的に利益率が下がるということになります。

要するに「儲からない」仕事になっていくのです。もし、実運送を行なう運送事業者が、元請が請け負っている運賃で受託できれば、確実に会社に利益が残るはずです。

もし、元荷主に「我が社は、御社の実運送を実は○円でやらせていただいております」と伝えたら、きっと驚かれるはずです。「そんな安い運賃でやらされてるの？」と。

しかし、それを伝えたところで往々にして状況は変わらず、転注されることは恐らくありません。むしろ失注するリスクだけが残るでしょう。

なぜ、小さな運送会社は下請に甘んじてしまうのでしょう。営業力がないからでしょうか？　それとも大手に比べて安心感がないからでしょうか？

運送業に限ったことではありませんが、元請業者が下請業者に仕事を委託する際、いくら元請業者が名の知れた優良企業であっても、結局は、実際に仕事を行なう業者（下請）の品質が重要になってきます。

元請が下請の仕事をきちんと管理していれば、高い品質は保たれます。その管理するための費用が中間マージンであるはずです。

ところが、元請の運送事業者は、ほとんど「丸投げ」状態で運送実務を委託しているのが現状です。マージンを差し引かれた後の運賃では、満足なサービスを施すことが困難となり、コンプライアンスも軽視されていきます。コストがかかる3カ月点検などの車両メンテナンスや対面点呼、同乗教育、ドライバーの社会保険の加入さえもやむなく省かれていくことになります。

このような状態では、良い人材が育つはずがありません。当然、荷主にとっての「安心感」がますます損なわれることに繋がっていきます。

下請に甘んじることなく、直荷主を獲得する（元請になる）ためには、自社の「強み」を経営者が意識して作り上げていくアクションが欠かせません。

そういった意味で参考になるのが、自社の荷主の声です。実際に聞いてみると、「大手じゃないけど、昔からのお付き合いだから」「小さな会社だけど、特に今、困ったことがないから」という意見があると思います。

つまり、これらの荷主は現状のサービスに「なんとなく」満足しているのです。ここが、中小零細企業でも売上をアップさせ、利益率を向上させるヒントに繋がっていきます。

小さな運送会社が中小ならではの「強み」を発揮して、優良な荷主を繋ぎ止めるためには、現場のドライバーの側面からと、運送事業者の企業努力という側面からの両方で「荷主を知る（理解する）」ことが必要です。

具体的には、荷主の得意先の特徴、取扱製品（荷物）の商品知識、荷の積み方（下ろし方）、荷主担当者の性質、そして、運送事業者の配車や事務員のサービス品質（気配り、挨拶、レスポンスの速さなど）、理にかなった運賃価格などをトータルして荷主を知るということになります。こういった細かいケアは、中小企業の得意分野であるはずなのです。

小さな運送会社が下請に甘んじてはいけない理由

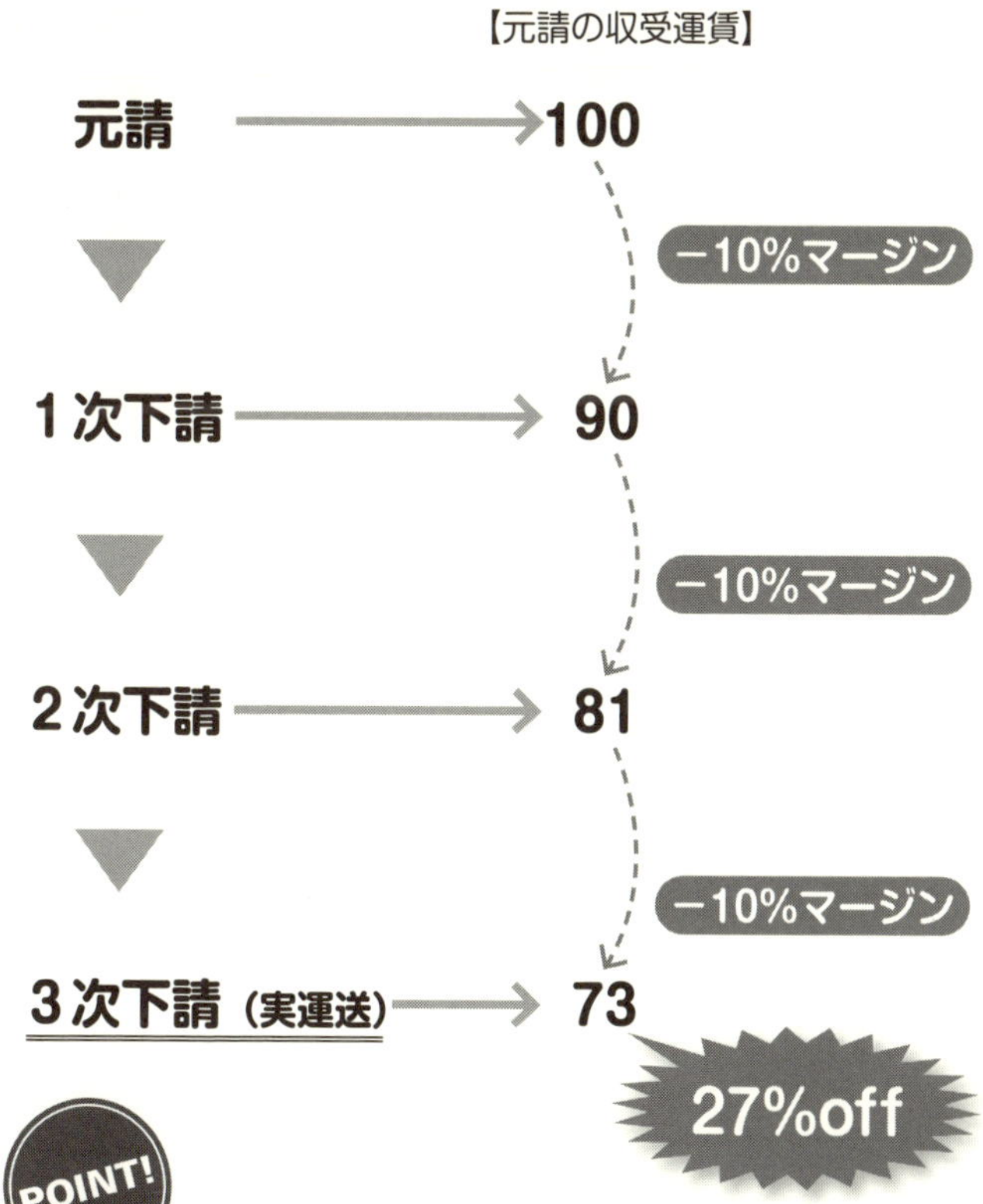

POINT!

3次下請になると、27%も収益性が下がる。これだと、先細りは必至。だからこそ、小さな運送会社は自社の強みを活かし、元請を目指さなければならない

3 プロドライバーを育てることで、業績が上がる！

先程、運送事業は「人」で成り立っていると申し上げました。ドライバーの管理は、工業製品などと違い、品質を数値で検査する基準が取りづらいため、運送事業者であれば、「**ドライバーの質にバラツキがあり、管理が難しい**」という課題が必ず出てきます。

中でも、どう「プロの自覚」を芽生えさせるか、という悩みがあります。

プロの自覚といっても、簡単なことではありません。プロの自覚を持って、公道に出てもらえれば、事故も確実に減少していくでしょう。運送事業者の社会的地位も向上していくでしょう。そして、何よりも会社に大きな利益をもたらすでしょう。

いかにドライバーにプロの自覚をさせ、「**プロドライバー**」となってもらえるかがどの運送事業者も多かれ少なかれ持つ悩みではないでしょうか。

プロの自覚を芽生えさせることで、

①事故を未然に防止できる
②車両を大事に扱ってもらえる
③顧客満足度が大きく高まる
④会社の信用が増す
⑤無駄な経費が削減できる
⑥良い人材が長く会社にいついてくれる

……などといったメリットを得ることができます。

本当にプロの自覚を芽生えさせることで会社を劇的に変えられるのか、半信半疑に思われるかもしれませんが、プロドライバーを育てることで業績が上がる理由は次の通りです。

運送事業者の収益構造を大枠で捉えると、おそらく人件費、燃料費、事故費、保険（損害、荷物）、外注費（傭車《ようしゃ》委託費）、修繕費（トラック車検、修理）、旅費交通費（高速道路通行料）で経費の50％を超えるはずです。

実は、ここに掲げた費用のすべてが**ドライバーの品質が大きく影響する費用**です。

事故を起こさないドライバーが多ければ、事故費はかかりません（当社の事故費は売上の0・1%以下)。その結果、損害保険や荷物運送保険の料率も下がります(当社は損害保険のフリート優良割引70%を50年以上維持)。

事故を起こさないドライバーの走行平均速度は低く、当然燃費も良い、また、往々にしてこういったドライバーは車両の故障もいち早く見つけます。その結果、修繕費もかさみにくいのです。

また、高い荷扱い技術を持つドライバーは、無駄な残業をしないし、荷下ろしを素早く、ソツなくこなした分、次の着地へ余裕を持って向かえるため、余分な高速道路の使用もないというわけです。

これで、プロドライバーを育成する重要性をおわかりいただけたでしょうか?

プロドライバー化のメリット

①事故を未然に防止

いかに事故を引き起こす確率を低くするかを考える力がある

②車両を大事に乗ってもらえる

洗車をマメにしたり、故障箇所や不具合も素早く見つけることができ、運行スケジュールを妨げない

③顧客満足度アップ

優れたドライバーは、荷物を獲得するための営業情報に耳を傾けている

④会社の信用アップ

ドライバーの公道でのマナーはよく見られており、マナーが悪い会社は信用されない

⑤経費の削減

ドライバー教育により、燃費、修繕費、余分な時間外手当、クレーム処理費用、事故費などが抑えられる

⑥良い人材が会社に定着

ドライバー同士、互いに刺激し合い、意識の高いドライバーが定着する

4 プロドライバーとは何か？

それでは、「プロドライバー」とは、どのようなドライバーを指すのでしょうか？

プロドライバーとは単に「事故を起こさないドライバー」と定義できるほど、単純なものではありません。

往々にして運送事業者では、事故を起こさないドライバーが会社に貢献する良いドライバー、という評価や位置づけがされているのではないでしょうか。

もちろん、事故を起こさないドライバーは運送事業者にとって欠かすことのできない重要な人材です。

しかし、それはあくまで結果論で「それまでたまたま事故になっていなかっただけ」かもしれません。

また、荷主から見れば、**事故を起こさないドライバーは実は最低条件**であって、求められているのは荷主の望むサービスができる高い「プロ意識」を持ったドライバーなのです。

ここで、プロドライバーの定義をしておきたいと思います。

本書で言うプロドライバーとは、お金を稼ぐだけの職業ドライバーではなく、「**プロ意識を身につけ、社会に貢献できるドライバー**」を指します。

このプロ意識を鍛えることが、ドライバーをプロフェッショナルに導くものと私は考えています。

このプロ意識は、**ドライバーに対して荷主が求めること**でもあります。

まずは、荷主がドライバーにクレームを出すときに言われる代表的な内容を挙げてみましょう。

- 到着時間が遅い
- 製品をドライバーが濡らしてしまい、使い物にならなくなった
- 製品の包装や梱包に損傷があったのに連絡もせず、受領印をもらい、立ち去った
- 納品客先での挨拶やマナーがよくないと荷主の得意先から指摘を受けた
- 納品から帰って来るのが遅く、道中で時間をつぶしているのではと不信感を持たれた

いずれも、皆さんの会社でもよくある話だと思います。

中でも、最も荷主から嫌われるのが、車両事故や荷物事故を繰り返し引き起こすドライバーです。

このようなドライバーには、それほど悪気はありません。しかし、会社としては、素早く対処をせずに放置をしてしまうと、荷主との取引停止に繋がってしまうことになります。

こういったクレーム発生の背景を、ドライバーに話したことがあるでしょうか？ 荷主の望むサービスについて、ドライバーに教えたことがあるでしょうか？

言わなくてもそれくらいわかっているだろうとか、毎日荷主と顔を合わせてりゃ気づくだろう、今さらこんなこと言わせるなよ、などと思っていないでしょうか。

私は、**プロ意識に欠けるドライバーたちの大半は、「何も教わっていない」ドライバー**なのだと思っています。

プロ意識は、ドライバーが先天的に備えている場合もあれば、個人の努力によって培ってきた場合もあるでしょう。しかし、私の長年の経験から言うと、ドライバー全体で3割ほどのドライバーがプロドライバーとしては発展途上、あるいはプロ意識に欠けているというのが結論です。

そのようなドライバーは、時に反発もしますし、向上心も乏しく、同じミスを繰り返すことが多いのです。

これは、決してドライバーだけが悪いわけではありません。企業努力をしていけば、多くのドライバーは大きく成長するはずです。

プロ意識の欠落したドライバーが存在してしまう要因として、経営者が明確なプロドライバーの目指すゴールを示していない、あるいは示していても明文化していない、それを評価していない、ということがあると私は考えています。

前項でも述べたように、彼らをプロドライバーに育てていけば、会社は成長をし、利益が上がっていくはずです。彼らは、**業績アップの「伸びしろ」**でもあるのです。

ここからは、経営者や管理者がプロドライバーを育てていくノウハウを、具体的に解説していきます。まず、次章では、プロドライバーに必要な3つの力を伸ばす方法について、お話しします。

COLUMN

プロドライバーに必要なのは いつもの力をいつでも出せること

2011年、初の全国大会出場を石垣選手が果たし、8位という好成績を上げてくれました。ドラコン全国大会は2日間で学科、整備点検競技、走行競技の3つで争われますが、情報は完全にシャットアウト。競技中の選手の携帯電話の所持は一切認めらないことはもちろん、選手同士の交流も競技終了後までできません。

点検競技場所に移動をする際も、同じ部門の選手が乗り合わさないように、マイクロバスに乗る組み合わせまで、徹底管理されています。また、点検競技、走行競技とも次の競技選手が待機するエリアがあるのですが、四方を幕で囲まれたテント内での待機が義務づけられ、出番が来る前に極度の緊張状態になるようです。

そんな中でも、大手企業の結束は固く、マイクロバスに乗り込む際に、激励のエールを浴びていたそうで、中小の選手はかなり孤独なようです。翌年の2012年に、当社の倉本選手が全国大会に出場した際には、日野自動車さん主催のドラコンの事前強化合宿に招かれ、大会直前に多くの同志ができたそうです。合宿の内容もさることながら、参加者の団結ができ、同じくマイクロバスに乗り込む際に大変な声援や激励を受け、本番に挑むことができたとのことでした。

大型部門で8位になった青木選手からは、極度の緊張により走行競技で大きなミスをしてしまう選手が多かったと聞きました。それは、審査員が助手席に乗られた際に必要な、「シートベルトの着用をお願いします」という一言を言い忘れてしまうというミスです。審査員は、その言葉がないとシートベルトをしないそうです。大きな法令違反のまま競技を開始したことになり、大幅に減点されます。また、緊張のあまり信号無視をしてしまい、危険行為と見なされ、競技を中断させられることもあると聞きました。

ドラコンは、決して特別な技術を競い合う場ではなく、日頃できることが、どんな状況でもできるかどうかを試される大会なのです。

2章

プロドライバーに必要な3つの力

1 荷主が求めるプロドライバーの3つの力

前章で、プロドライバーには「プロ意識」が必須だと述べました。プロ意識を持つドライバーは、自家用車を運転するような一般のドライバーとは一線を画する、特別な技術をバランス良く習得しています。

その特別な技術とは、次の3つの力です。

①ドライビングスキル……専門知識を知ったうえで、実務である整備点検や走行技術を訓練により保有すること
②荷扱い技術……荷主の求める安全で、ルールに則った荷扱いができること
③営業力……接客（挨拶、身だしなみ、気配り、目配り、5Sなど）を重んじ、「自分で考える」感性を持つセールスドライバーであること

これら3つの力をバランス良くあわせ持つドライバーこそが、荷主が求める真のプロド

ライバーと言えると私は思っています。

なぜ、この3つの力をあわせ持つことが必要かというと、まず、「ドライビングスキル」は**最低条件である事故を起こさない**ようにするためです。

運転がただうまいだけでは、事故は防げません。道路交通法などの専門知識の欠落が悲惨な事故を招きます。車両の不具合も事前に発見できなくては、安全な運行はできません。運良く事故がないのではなく、危険を避けられる総合的な力となる「ドライビングスキル」を荷主も望むはずです。

次に、ドライビングスキルと同様に、場合によってはそれ以上に重要なのが、「荷扱い技術」です。これは、運行によっては半分以上のウエイトを占めることがある重要な技術となります。なぜならば、運転だけなら目的地までの地図さえあれば、何とか運行できますが、荷扱いは**熟練した経験、あるいは相当なマニュアルがない限り、荷主が満足することはない**と考えるからです。

そして、「荷扱い技術」は、安全な運行にも非常に深い関係があります。荷台に荷をバランス良く、荷崩れの恐れもなく、スピーディーに荷の積み下ろしをすることで、後の運行に余裕を持つことができます。

また、荷扱い作業は、公道での運行と違い、荷主やその得意先が見守る中で行なわれることが多いので、良い荷扱いは荷主の安心感や信頼感に繋がります。

最後に、「営業力」については、特に近年、荷主の満足度のハードルも高くなっています。「セールスドライバー」という呼称で呼ばれるドライバーも増えています（7章参照）。

先程も述べましたが、プロドライバーに必要な3つの力は、バランス良く持つべきです。ドライビングスキルはずば抜けているのに、荷扱いが雑でクレームが絶えないドライバーや、荷の特性を理解した積み下ろしや、しっかりした挨拶ができるのに、たびたび公道での事故を繰り返すドライバーは、当然、荷主の受けも悪くなります。

我われ運送事業者は、荷主に対して「安心」を提供しなくてはなりません。偏った能力のドライバーには常に不安がつきまといます。それは、ドライバーを束ねる配車担当者や運行管理者も同じです。

私は、**3つの能力をバランスよく持つドライバー＝安心を提供するドライバー**だと思っています。一度、皆さんの会社のドライバーに当てはめて考えてみてください。良いドライバーと評価される人はほぼ例外なく、3つの能力をバランス良く備えているはずです。

3つの力はバランス良く持つべき

〈理想的なドライバー〉

＝

3つの円が同じ大きさ

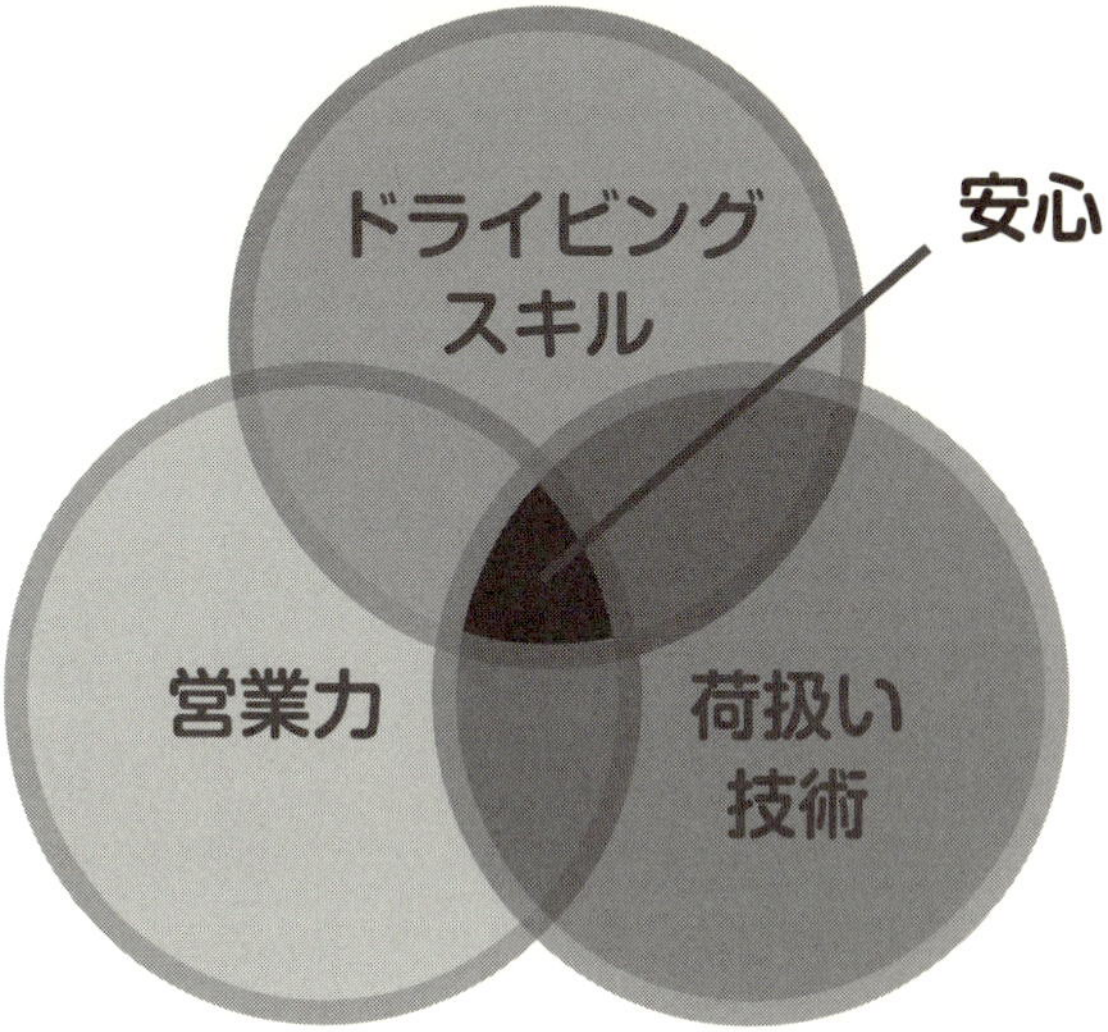

POINT!

**3つの力が均等に揃えば
「安心」が生まれる**

2 ドライビングスキル

ドライビングスキルは訓練で養う

いわゆる交通事故とは、道路交通法上の事故です。交通事故は、死傷者を出し、人々を悲しませ、また死亡に至らないまでも被害者はもちろん、加害者も後の人生に大きな痛手を被ることになります。それればかりではなく、道路を大渋滞させ、緊急車両を出動させ、場合によっては火災、爆発、環境汚染など二次災害に発展することも珍しくありません。

我われ運送事業者は、一般的に「トラック」という車両で公道を使用し、業務を行なっています。公道は、言うまでもなく、乗用車や二輪車、自転車、歩行者が平等に使用する権利を有するものです。

トラックは大きく、重い車両の部類で、いわゆる4トン車と称される中型車であっても、積載する貨物を法令上の制限積載量まで積むと総重量は8トンとなります。8トンの物体が、乗用車や二輪車、自転車、歩行者に衝突、接触するようなことがあれば、被害は甚大となるのは当然のことです。トラックは、ドライバーが一瞬の注意を怠ったり、間違った操作をすることで、惨事を引き起こす凶器となりえるのです。

この種の事故を防ぐためには、プロドライバーに必要な3つの力の1つ目、「ドライビングスキル」を訓練により身につけさせ、公道に送り出さなければなりません。これは運送事業者としての大切な義務となります。

ここであえて「訓練により」と強調したのには理由があります。ドライバーは免許証を所持していることが必須ではありますが、**免許を取得したというだけで公道を安全に運転操作できるとは言いがたい**のです。

なぜなら、自動車運転教習所では、荷物を積んだトラックで教習を行なうことはほとんどないからです。

荷物を積んで公道を走るのは、免許を取得後になるということです。はたして、訓練なしで、荷物を積んだトラックを安全に操作できるのでしょうか？　仮にできたとしても、とても危険な行為と言えます。

荷物を積んだトラックと積んでいないトラックとでは、制動力（ブレーキの効き具合）が違いますし、ハンドルにかかる感覚も変わってきます。

カーブでは大きく遠心力が働きます。上り坂ではエンジンに負担がかかるためアクセルワークが変わりますし、下り坂ではブレーキが効きづらくなります。また、早めのシフトダウンや細かなブレーキワークが要求されます。

まさに、これらのドライビングスキルは、**「訓練」により身につけるべき技術**なのです。この訓練を経ずに、公道に出てしまい、大きな事故を引き起こしてしまったケースは実に多く、これは紛れもなく、会社の責任です。

では、どのような訓練をすれば、公道に出ても安心と言えるのでしょうか?

私は、**①専門知識、②整備点検技術、③走行技能**をしっかりと身につけることだと考えています。

どうしても走行技能だけがドライビングスキルと考えられがちですが、実はそうではないのです。その証拠に、自動車運転教習所では、学科、構造、実地の教習が義務づけられているではありませんか。

①〜③は、**どのスキルが欠けても、荷主に大きな迷惑をかけてしまうような、回避できない事態に繋がっていきます**。この3つに分けたドライビングスキルを身につけることで、90%以上の不測の事態は回避できる、とても大事なスキルだと私は考えています。

ドライビングスキルには3種類ある

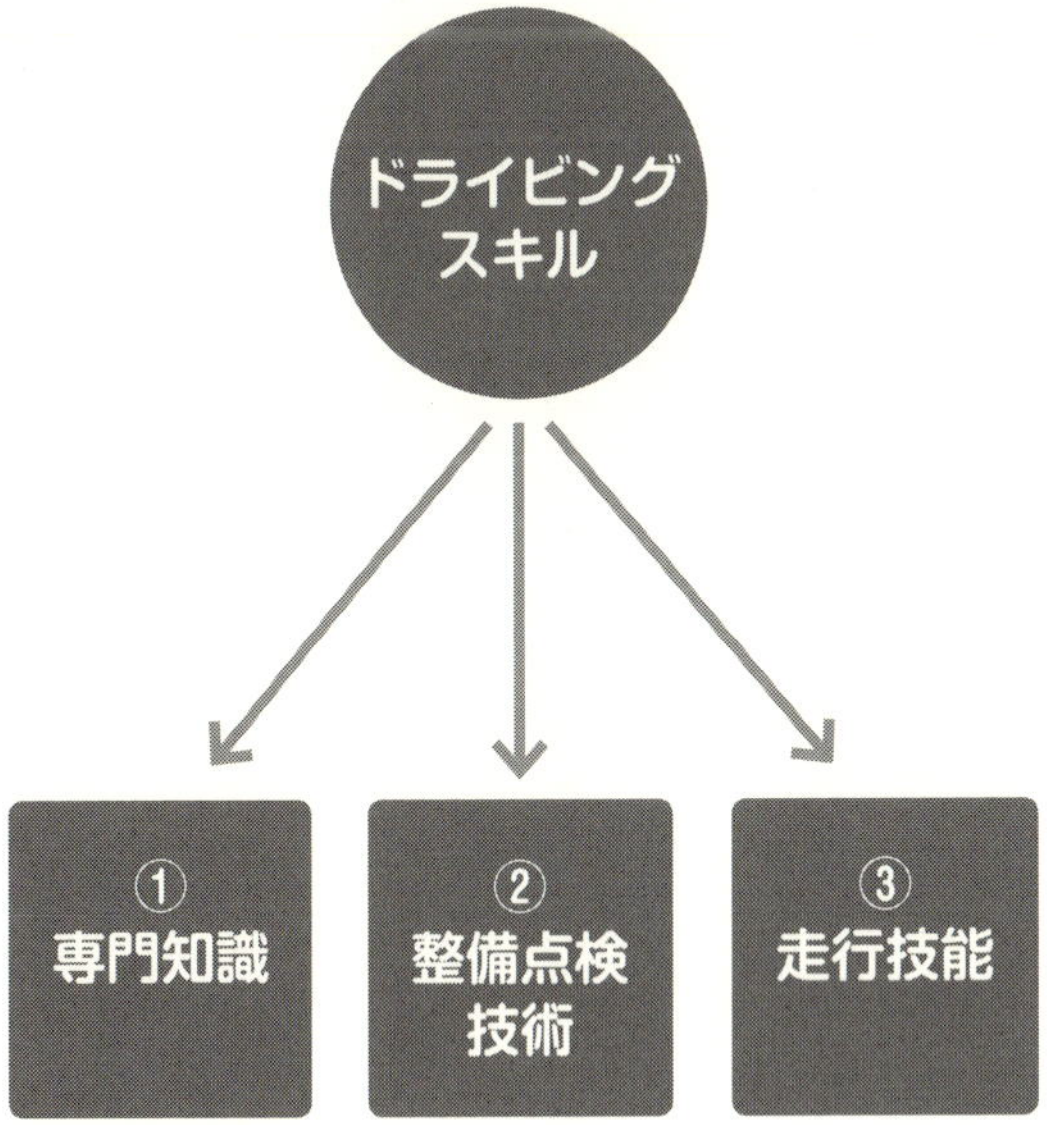

①専門知識……道路交通法上の法令知識、車両の構造知識、運送全般にわたる一般常識

②整備点検技術……トラックの性能上の異常や不具合を見つけ出す技術

③走行技能……教育指導員かベテランを同乗させ、マンツーマンで身につけるべき技能（自動車運転教習所で習う技能は必要最低限のもの）

3 ドライビングスキル
専門知識を身につける

ドライビングスキルの「専門知識」について、詳しく説明していきましょう。

専門知識をさらに細分化すると、法規法令（道路交通法、貨物自動車運送事業法、道路運送車両法、労働基準法などの法令等）、構造知識（国家資格3級整備士程度）となります。

もちろん、専門家ではありませんから、すべてを完璧に習得する必要はありません。

中でも、**一番基礎となるのが国家資格である「運行管理者」の資格取得**だと考えています。私の会社では、半数近くのドライバーが運行管理者資格を取得しています。

運行管理者は、マネジメントをするうえで必要な資格ですから、本来は運行を主たる業務とするドライバーには必要のない資格なのかもしれません。しかし、学びたい、成長したいと思っているドライバーや、将来の管理者候補の発掘にもなりますし、現在の運行管理者の仕事をドライバーが監視するという効果もあります。

私は、運行管理者資格の取得が手っ取り早い専門知識の習得方法だと思いますが、もちろん、これがすべてではありません。

私の会社が加盟する愛知県トラック協会には、「中部トラック総合研修センター」という研修機関があります。そこでは、省エネ走行研修や初任ドライバー研修、小集団活動リーダー養成研修、物流大学講座など、さまざまなセミナープログラムが充実しています。あなたの会社の加盟先でも、同様の取り組みがなされているかもしれません。

ただ、これらのプログラムは往々にして、会社がドライバーに対して、業務の一環として与えている機会であり、受講者は受け身となりがちです。

また、専門知識習得をこういったセミナーやOJT、昇進昇格試験などで習得させるしくみを持った機関や企業もそれほど多くないと思います。99％が中小零細企業の集まりである我われ運送事業者だからこそ、資格取得を推奨するのが有効と考える理由です。


私の会社では、1回に限って、受験料を会社が負担するようにしています。あとは彼らドライバーが関心を持ってくれるのを待つのです。

私は、ドライバーがどんなことに興味があるのか、常にリサーチし、その興味を膨らませられるように配慮してきました。人は与えられたものから学ぶより、自分自身の興味・関心にかき立てられたうえで学ぶほうが、断然身につきやすいからです。

4

ドライビングスキル

整備点検技術を身につける

次に、「整備点検技術」の身につけ方を解説していきます。

整備点検は、実際にトラックを前にし、異常箇所を見つけ出す技術です。

大会社には整備施設が整っていて、優秀な整備士さんが配置されていますが、小さな運送会社では、整備を運行業務から完全に分業化することは困難です。関心のあるドライバーなら、「ちょっとブレーキの効き具合が気になるな」と整備点検するものですが、そうでないドライバーだと、大きな事故に繋がりかねません。

関心のないドライバーや、不具合箇所が見抜けないドライバーに、どうやって整備点検技術を身につけさせるかというと、まずは「洗車」と「タイヤのエアチェック」、この2つから始めるとよいでしょう。

洗車は、「汚いぞ、洗え！」と命令しても反発を買うだけです。「タイヤとホイールだけでもピカピカにしておくと、トラックはきれいに見えるから、時間がないときでも苦にならないよ」とアドバイスしてみてください。

タイヤのエアチェックについては、空気圧が低いことに起因する事故の恐ろしさを教えることです。空気圧の不足したタイヤは高速回転により負荷がかかりバースト（破裂）します。運転席側前輪がバーストすると、自らの命に関わる大事故になるのです。

必要な整備知識を身につけることは、ドライバーの義務です。その他、キャビンの開閉、オイル交換、エアーエレメントの掃除などでも整備点検への関心が高まるでしょう。

確かな整備点検技術は、荷主へのアピールにもなります。

つい先日、ある大手製造業の荷主からこんな話がありました。

「これまで大きな事故やトラブルはないんだけど、車両の故障やタイヤのパンク（バースト）で延着させたことが、たびたびあってね。うちの製品は、納期厳守だから、こういったことを予防する方法はないんだろうか？」

この荷主とは、所有トラック数が200台を超す中堅の同業者と数十年来の取引を続けていますが、私の会社は最近取引に参入した新参者でした。

「これはチャンス！」と思い、予防の方法はあると提言をさせていただきました。

「当社では、運行前点検を毎運行ごとに実施しています。おざなりの点検ではなく、『不良箇所』を見つけるための点検です」とアピールしました。

私が自信を持ってアピールしたせいもあったのでしょう。荷主の工場長は、「工場内のスペースをお貸しするので、一度その点検を訓練するところを見せてくれないか？　支障がなければ、他の運送業者のドライバーも見学させたい」とのことでした。

私たちは、広大な工場敷地をお借りして、整備点検技術を披露しました。このとき、

①スペアタイヤの空気圧をやや低くしておく
②ワイパーブレード（ワイパーのゴム）に亀裂を入れておく
③バックブザーの音が出ないようにしておく
④後輪のインナーボルトナットをゆるめておく

といった、あえて難易度の高い不良箇所を仕込んでおきます。もちろん、荷主の要望も考慮して、以前に起こった事例を再現させる不具合も設定しました。

点検と言うと、状態の良いことをチェックするだけといったイメージもあると思いますが、**「大丈夫」ではなく、「ここが不良だ」と言える技術**が大切です。荷主の満足に応えるためにも、不具合を見つけ出す訓練が欠かせません。

私は、2011年度の全国トラックドライバー・コンテストの整備点検競技を初めて見学し、プロの整備点検技術を目の当たりにしました。このとき、「すごい」と思わされる場面に出くわしたのです。

「点検ハンマー」という、タイヤの空気圧を測定したり、タイヤの残り溝を測定するときに使用する点検専用の必須ツールがあります。その点検ハンマーでたった1回「ドスン」と叩いただけで、「空気圧不良!」と審査員に不良箇所を告げた選手がいました。

ほとんどの選手が点検ハンマーで4~5回タイヤを叩き、その音と跳ね返り具合で、空気圧が正常か不良かを判断していました。整備点検競技は制限時間が8分。無駄な時間はありません。4トン車のタイヤは全部で6本。6回叩いて判断できるのか、30回(6本×5回)叩いて判断できるのか。まさに、これが技術の差です(結局、その選手は部門優勝を果たしました)。

5

ドライビングスキル

走行技術を身につける

多くのドライバーは「走行技術」を重視します。いわゆる「運転がうまい」ということです。

運転がうまいことと事故が起きないということは別物です。運転の下手なドライバーが、一度も事故を起こしたことがないということはよくあります。下手なことを自覚しているドライバーはより慎重な運転をするし、しつこいくらいに安全確認をします。逆に、運転がうまいと過信しているドライバーが最も危険なのです。

そもそも、「運転がうまい」というのは、何を基準に言っているのでしょうか? ぎこちなさがない、操作が素早い、安心して見ていられる……せいぜいこんなところではないでしょうか? こういった曖昧な基準で「走行技術」を評価すべきではありません。

走行技術の中で**一番大切なのは、「安全確認」する技術**です。

安全確認すべきポイントを確実に押さえた運転をしているかが非常に重要ですので、しっかりと解説していきます。

運転免許を取得する際、すべてのドライバーが実地訓練を行ないます。しかし、自動車教習所のカリキュラムは、公道に出るうえでの**最低限の訓練**と思ってください。

自動車教習所で大型免許を取る場合に、合否を分ける最大のポイントは「安全確認」と言っても過言ではありません。私が「ベテランドライバー」と自負するドライバーの運転をチェックする場合は、この「安全確認」のやり方を重視します。

ここではバック走行を例に、最低限の訓練とプロの訓練との違いを説明しながら、どうやってプロドライバーが走行技術を習得していくのかを解説していきます。

私の会社では、「バック走行手順」というものがあります。

今まで何人もの採用をしてきましたが、入社時に、「プロドライバー」と自負するベテランも含めて、完璧にバック走行ができる者はほとんどいません。それまでバック走行の訓練を受けた経験がないから、正しいバック走行ができないのです。

バック走行は紛れもなく、訓練によって養われる技術です。49ページで、私の会社で使っている「バック走行手順」を説明しています。

④と⑤の間に、バックの都度、降車してトラックの死角箇所まで目視することを義務づけている安全意識が高い大手運送事業者もあります。

また、その他の重要ポイントとして、バックブザーが鳴ってから、間を置き、バックを開始するということがあります。これは、当社の苦い事故事例から引き出されたノウハウです。

スクーターバイクで追走していた高齢者が、バックブザー音が鳴った直後にバックしてきた当社のトラックを避けきれず、衝突し転倒、大怪我を負わせてしまったのです。確かに、自分の身に置き換えれば、バックブザーが鳴ったと同時に大きなトラックが自分に近づいてくる恐怖を想像すると、一瞬声も出なくなるのではないかと思います。

バック走行で起こす事故は甚大となります。当社では、この手順をつくってから、バックの事故は激減しました。

大切なのは手順をつくることではなく、常に手順が進化し、適正なものになっているかということです。事故はすぐにヒューマンエラーにさせられがちですが、本当は手順がないこと、次に手順が活用されていないこと、最後に手順が間違っていること。これらが本当の原因のことが多いのです。

手順をしっかり身につけるには、各手順の意味を論理立てて教え込むことが必要です。

ここでは走行技術全般を解説しきれませんので、特に重要な「バック走行」を例に解説しました。

あえて言うまでもありませんが、**プロドライバーがしてはならない走行は、「急」のつく動作**です。急ハンドル、急加速、急発進、急ブレーキ、急転回……などです。

そういった常識的な走行技術を備えたうえで、訓練によりプロドライバーを育成していかなくては意味がありません。

走行に関連する手順は、それぞれの運送事業者が独自に検討し、標準化していけばいいのです。参考までに、用意しておくといい走行技術に関する手順書は、以下の通りです。

・一時停止の手順……停止線を車両の一部（サイドミラーのステー）でもはみ出してはいけません。また、完全にタイヤが止まっている状態を確認しなくてはなりません。

・縦列駐車の手順……駐車予定スペースを事前にしっかりと安全確認する。そのうえで、助手席側後方の角の侵入角度が重要です。

・輪留めの手順……輪留めを外し忘れて、発進してしまうミスを回避する手立てをする（2

つの輪留めをロープで結び、跳ね飛ばしのリスクを軽減させる。そのロープを長めにしておき、ドアノブに引っかけるなど)。

・走行中の事故発生時の報告手順……人命救助が最優先、次に大事なのが、相手のナンバープレートまたは免許証を控えること(携帯カメラでの撮影が最適)。当社では、警察に通報中に逃走された経験があります。

これくらいの手順書が整っていると、事故の発生も確実に減少すると思います。

バック走行手順

①室内のラジオなどの音を消す

トラックは必ず死角が発生します。バック誘導者の声や「危ない！」というような外部からの警告やクラクションを聞き逃さないためです。

②サイドブレーキを引き、右の窓を開ける

確認作業が終了する前に車両が動いては危険なため、このタイミングでサイドブレーキを引きます。加えて、フットブレーキだけに神経を集中させないようにします。

③左右のミラーで後方を目視で確認する

④ハザードランプを点灯させる

⑤ギアをバックに入れる

ハザード点灯の後で、バックギアを入れます。これは、まず追随者にハザード灯火により警告をし、そのうえでバックギアを入れることで、バックランプとバック音が鳴り、追随者に注意を促すことができます。

⑥運転席より身を乗り出し、目、耳で安全確認をし、最後に左ミラーを目視の後、サイドブレーキを解除し、バックを開始する

これは、プロドライバーとして省いてはならない手順です。なぜなら、死角をできる限り少なくするのに必要なことだからです。ついミラーやバックモニターだけを頼りにバック走行をしてしまうドライバーは少なくありません。ミラーに映る以外のところはすべて死角です。これは、ドライバーに体感をさせるのが有効です。ミラーだけの場合と身を乗り出しての場合と、どれほど視界が広がるか体感してもらいましょう。

⑦バック時は、徐行で走行する

バック走行は「徐行＝すぐに止まれる速度で走行」しなければなりません。実際には、ここが一番できていないところです。バック走行速度が増すほど、事故は重大度を増します。ここは、最も訓練すべき手順箇所となります。

⑧ハザードランプを消灯し、バックギアをニュートラルに戻して完了とする

バック走行が終了したことをきちんと示します。

6

荷扱い

荷扱い技術で事故を防ぐ

事故は2つに大別されます。1つは交通事故であり、そしてもう1つが荷物事故です。荷物事故は、荷主からお預かりした製品を、落下や転倒、荷崩れ、水濡れ、汚損、温度管理ミスなどで、商品として不適合または事故品と見なされてしまう事故です。

この事故を防ぐためには、「荷扱い」という技術が必要となります。荷扱いとは、言葉通り、荷物の扱い方です。荷扱いには、**①丁寧に扱う、②安全に扱う、③ルールに従って扱う、④荷主の要求通りに扱う**技術が必要になってきます。以下に解説していきましょう。

①丁寧に扱う

基本は、お客様（荷主）からお預かりした状態のまま、目的地まで安全に運送をして、無事に配達、納品するということです。「丁寧に荷を扱う」というと単純なことに聞こえますが、荷扱いは、時に**会社の明暗さえ分けることに繋がっていく重要な技術**です。

荷を丁寧に扱おうとするドライバーの心が、すべての動きや判断を変えていきます。荷の置き方や荷締め、カーブの曲がり方などの「動き」、ブレーキを踏むときの判断、危険回避のハンドルさばき、路上の凸凹での咄嗟の判断が変わります。

この丁寧に荷を扱う心を養う訓練は、簡単ではありません。

私の会社の教育メニューの1つに、お客様にいただいた廃棄品をフォークリフトで取り扱う訓練があります。わざと転倒や荷崩れ、落下をさせ、体感してもらいます。すると、いかに簡単に荷は転倒し、落下し、荷崩れするかがわかります。

この「怖さ」を知り、丁寧に荷を扱う心を持つことができれば、確実に事故は減っていきます。

②安全に荷を扱う

安全に荷を扱うということは、裏返せば、「危険な荷扱いをしない」ということです。狭い通路での納品作業でわざわざ速度を上げて、フォークリフトを操作する。または、荷台から荷を下ろす際、大切な荷を手に持ったまま、荷台から勢いよく飛び降りる……。これらは、大変危険な行為です。

安全を優先することは、多くの手間や時間がかかるかもしれません。しかし、いざ事故が発生してしまえば、さらに多くの手間や時間を無駄にしてしまいます。製品の補修、作り直し、再納品、謝罪にも行かねばなりません。安全はすべてに優先されるのです。時間短縮を優先してはいけません。

教育方法のコツは「メリハリ」を教えることです。荷の扱いには、ポイントがあります。荷を持ち上げる瞬間、置く瞬間、手を離す瞬間、ドライバーが通路に入る瞬間、出る瞬間、直線から曲がる瞬間、階段を上る瞬間などです。

こういったポイントでは、焦らずゆっくりと細心の注意力を持って、荷を扱うのです。それ以外の比較的緊張感を持たずに作業できるところは平常心で作業を行ないます。

人間は長い時間緊張状態を維持できません。メリハリをつけることで、大事なときに最大の集中力が発揮できるのです。

③ルールに従う

私の会社には「重要作業ルール20項目」というものがあります（173ページ参照）。20項目すべてが荷扱いに関するものではありませんが、約半数が荷扱いに関するものです。ルールと手順とは違いますが、考え方としては共通点があります。それは、どちらもドライバーの行動する判断基準になるということです。

判断基準を設けないまま仕事をさせるのは、ドライバーの裁量で仕事をする範囲が増えるということです。簡単に言うと、「勝手にやっていい」ということになるわけです。しかし、事故やクレームが発生すると、ドライバーは無事故手当が支給されなくなります。それが発端となり、退職となることもあります。

大切なのは、正しいルール（基準）をきちんと定め、繰り返し改訂を施すこと。そして、ルールを守らなかったことに対して、ドライバーに改善させる教育をするということです。

私の会社では「重要作業ルール20項目」を守らなかった場合は、「厳罰に処する」と明言しています。ルールそのものがない場合や、手順自体に落ち度や問題があった場合は、事故のカウントはしますが、軽微な処分でとどめるようにしています。

具体的な例で言えば、構内で「リフト時速5キロメートル」などと、フォークリフト走行時の「社速」を決めている会社があるとします。こういった明確なルールがある場合では、10キロメートルを越えた速度で起こした荷物事故と、時速5キロメートルを守って起こしてしまった荷物事故を同じ扱いにすべきでないということです。

このとき、ルールがない運送事業者だとどうでしょうか？　事故を起こしたことだけに責任追及や批判が集中します。

荷扱いルールの明確化とルールに従って荷を扱うドライバーの育成は、ドライバーの働きやすさと、会社に利益をもたらすしくみとしておすすめします。ルールでがんじがらめにするのではなく、**ルールでドライバーを守ってやる**という意識をマネジャークラスが持つといいと思います。

④荷主の要求通りに扱う

荷物事故を起こしてしまったドライバーに直に事情を聞くと、自分の経験と勘で荷扱いをして起こしてしまった事故がなんと多いことか……。非常によくあるケースが、製品破損です。たとえば、商品そのものに外傷がなくても、パッケージや外箱、段ボールに破れや汚れ、傷があっただけで事故品と判断され、納品させてもらえないことがあります。

どういうドライバー教育をすれば、こういった荷物事故は防げるのでしょうか？

すべてを完璧に荷扱いしようとすれば、当然、時間がかかります。モタモタしていると、納品先や積み地で怒鳴られることもあります。

荷主の要求する荷扱いを行なうのは、難易度の高いことです。ここで必要となってくるのが、ドライバーのコミュニケーション能力です。次に取り上げる営業力にも繋がる力ですが、機械製品だと重心や精巧さは見た目ではわかりません。毎回、管理者や営業が積み込みに立ち会うことも限界があります。

ドライバーが一言、「この製品の扱うのは初めてなんです。扱い方を教えていただいてもよろしいですか?」と聞けるか、何も聞かずに経験と勘で扱ってしまうか。この差はとても大きいものです。

荷主に質問する能力は、プロドライバーが備えるべきスキルの1つです。荷主の要求を聞かずに荷を扱うこと自体が、サービス業としてあるまじき姿勢です。経験と勘でやりこなしてしまうドライバーは、真のプロではありません。

7

営業力

営業力のあるセールスドライバーを目指す

プロドライバーに必要な3つ目の能力が、「営業力」です。

経営環境の厳しい運送業界ですが、新規の仕事を着実に獲得し続けている事業者もいます。運賃競争ではなく、プロドライバーのノウハウと品質の高さを武器に急成長する運送事業者も増えているのです。そうした運送事業者は、多くの荷主の信頼を獲得し、さらに既存荷主からの紹介やクチコミにより、コストをかけずに新規荷主を獲得しています。

私の会社でも、6つの営業所が競って新規荷主の開拓を図り、活動しています。着実に新規荷主を獲得する営業所にはある特徴がありました。

それは、**ドライバーからの情報により新規荷主を獲得している**ということでした。ここ1年以内でいうと、既存荷主の納品先に毎日お邪魔していたドライバーが情報を持ってきてくれました。その情報とは、「今の運送会社に出荷担当者が不満を持っているらしいですよ」というものでした。その納品先は、長年、中堅の運送会社と取引をされてきたようです。その分、馴れ合いのようなものがあり、不満を持っていたのです。

早速、会社のパンフレットを持参し、営業をかけました。出荷担当者が応対され、「ナルキュウさんのドライバーは礼儀正しいし、好感が持てますね。荷扱いも丁寧で、待ってもらうことも時にはありますが、嫌な顔もせず待っていただいています。一度、上司に紹介しますので、見積をお願いできないですか?」とトントン拍子に話が進みました。

この荷主と取引を開始して半年が経ちましたが、3台の定期便が私の会社に転注されることになりました。1台目、2台目、3台目と、自慢のドライバーをうまく配置できたことが功を奏したのです。3名とも評判が良く、次々と転注が行なわれ、4台目転注の打診を受けています。ほとんどコストをかけず、新規荷主を獲得できたというわけです。

特筆すべきは、この3名のドライバーは全員、新入社員ということです。ドライビングスキルや荷扱い技術はまだ未熟ですが、「セールスドライバー」としてのスキルは抜群です。

運送事業者では、ドライバーが立派に営業マンの役割を果たせるはずです。毎日のように荷主に顔出しをし、情報を多く収集できます。新規開拓営業をする場合、何の関連もないところに飛び込み営業をかけても、見積りを取ることさえ難しいものですが、自社の納品先や集荷先なら、格段に成功確率は上がります。**セールスドライバーは、コストのかからない最高の営業マン**なのです。

COLUMN

車線のどこを走る?

ドライバー教育は、間違った認識のまま行なわれていることも少なくありません。

たとえば、車線の左寄り、右寄り、中央、どこを走行するように指導するのが正しいと思いますか？　よく言われるのは「車線の右寄りを走れ」という指導です。また、逆に左寄りで走るとバイクがすり抜けるのを防げるから、「左寄りを走れ」という指導もあります。

しかし、いずれも誤りです。正解は「中央を走る」です。理由は、左折するとき、車両を中央から左に寄せる。右折時は中央から右に寄せる。これを方向指示器で右左折の意思を示した後に行ないます。それ以外は車線の中央を走行するのが正しいのです。

これは見落とされやすいプロドライバーの技術です。全国トラックドライバー・コンテストでも、中央走行ができないと大きな減点となる、重要なチェック項目ということです。

下記は、中央を走行する際のポイントです。左足の延長上に車線の中央があるイメージで進路を取ると、きれいに中央を走行できます。

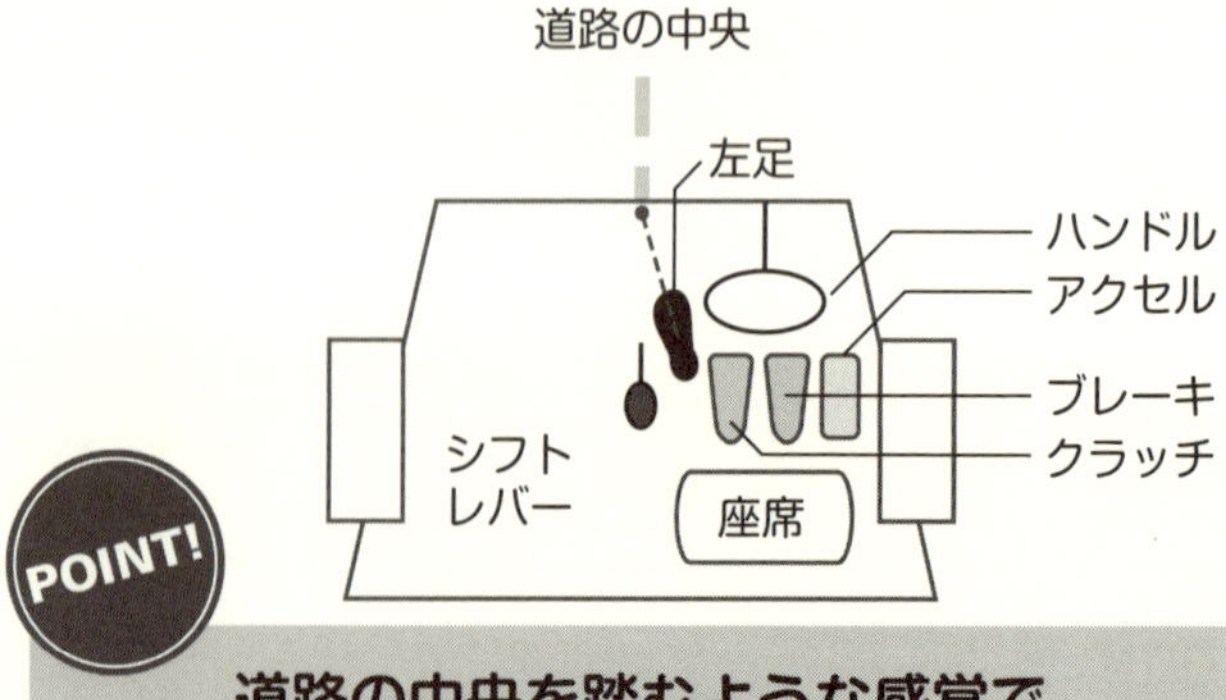

道路の中央を踏むような感覚で

3章

戦力となるドライバーを見抜く「採用面接」のコツ

1 プロドライバー育成で「採用面接」が一番大事な理由

ここまでで、プロドライバーを育てることの大切さやメリットをご理解いただけたと思います。プロドライバー育成において、新人教育の方法やチーム作りのノウハウはもちろん必要なのですが、私が最も重視しているのは「採用面接」です。

ドライバーの採用面接は、運送事業者の品質を決める重要イベントです。

今は、「人を雇ってやる」という時代ではありません。良いドライバーを採用する運送事業者は、

- **このドライバーを採用してもいいかを判断するための面談（雇う側からの視点）**
- **ドライバーがこの会社で働いてもいいかを判断するための下見（雇われる側からの視点）**

両方の視点を持ち、面接を行なっています。

採用面接は、「お互いのプレゼンの場」です。労働条件や業務内容を確認し合うことも当然必要ですが、お互いのプレゼンの場となるように、面接者が話しやすい雰囲気をつくったり、話を引き出すテクニックを身につけましょう。

雇う側がすべきプレゼンは、ドライバー応募者からの電話応対に始まり、来社の際の挨拶や、面接室への案内の仕方、面接官の話し方など、すべてがプレゼンに結びつきます。

一方、雇われる側の応募者にも自分をアピールしやすいよう導くような、面接官の配慮が必要です。戦力となるドライバーを見極めるための判断材料をしっかり発掘しなくてはなりません。

私の会社には面接に際しての社内ルールがあります。

まず、各地にある拠点（全国6カ所）の所長に一次面接の合否はすべて一任しています。誰を採用し、誰を採用しないかの入り口は営業所長が決めます。そうすることで、所長たちに「自分が選ぶ」という意識が芽生えます。

そして、入社日を含め2週間以内に最終面接（社長面接）を行ないます。それまでに教育責任者からのマンツーマンの教育訓練と同乗教育と名乗った人柄チェック、運転適性検査、健康調査をし、運転記録証明書を取り寄せ、最終面接を最終の関門と位置づけます。

私は、会社の面接担当者に、

「人選は偏ることなく、好き嫌いで選ばず、いろいろなタイプのドライバーで構成すると営業所の経営が安定する」

と指導しています。なぜかというと、営業所長の好みだけで人選すると、大抵「ＹＥＳマン」の集まりになってしまうからです。

しかし、いろいろなタイプのドライバーを採用するとなると、やはり個性の強い、人の言うことを聞かない、反逆児的なドライバーも入ってきます。いわゆる「荒くれ者」と言われるタイプです。

私は、「荒くれ者」をあえて採用するくらいの気持ちで人選するといいと考えています。「荒くれ者」は扱いづらい人材ではありますが、潜在能力の高い、ドライバーとしてのセンスの高い人もいます。

そのようなドライバーが納得して行動するような教育をすれば、彼らは大きなエネルギーを発揮し始めます。逆に、採否の判断を間違えれば、単なる厄介者を採用してしまうことになってしまうのです。

本章では、戦力になるかそうでないか、採用面接時に見抜くコツをお伝えしていきます。

募集から採用までの問題点と対策リスト

	問題点	対策
募集	媒体が決まっていない	過去の募集媒体の効果確認をし、最低2パターンの媒体を決める
	募集要項に関する規定がない	半年に一度は、内容を更新させ、全社統一のものとする
	受付（応募者への対応者）の教育がされていない	対応マニュアルの作成、教育実施
	過去の募集の効果の確認がされていない	反応（受付件数）、面接実施人数、採用人数、歩留まりの統計を取る
面接	各営業所によって採用の基準がばらばらである	自社が求める優良ドライバー像を明確化する
	採用時に必要な提出書類が具体的に決められていない	社会保険労務士に相談。運転記録証明書は必須
	面接時の記録が作成されていない	難しく考えることはなく、履歴書のコピーへの書き込みで十分
	同じ質の面接を実施するためのマニュアルやチェックリストがない	統一のマニュアルを作成し、常にブラッシュアップに心がける
採用	採用関連の業務が営業所長に任せきりになっている	権限の委譲を階層毎に取り決めする
	採用通知や雇用契約書が交わされていない	社会保険労務士に相談し、法に準拠した書類を即作成する
	採用基準や見習いに関するルールもない	チェックリスト作成（75ページ）

2 採用してはいけないタイプを事前に見抜く履歴書の読み方

履歴書は、一番最初に知るドライバーの情報です。面接に進む前に、履歴書で戦力になるかどうかを、ある程度見抜き、効率的で成果の大きい面接を目指しましょう。

採用してからでは、手遅れです。「人材不足の時代にそんなこと言っていられない。やる気さえあれば、十分」「採用してみなければ良し悪しはわからない」などと悠長なことを言っている場合ではありません。

てんかんなどの持病に関することや、介護の必要な肉親の存在、犯罪歴など、採用の可否の判断材料としたい個人情報も、しっかり把握することが必要です。

以下に、履歴書で注意したいポイントを解説します。

◎現住所

現住所の話題から、多くの個人情報が引き出せます。独身者なら現住所が実家か、または独り暮らしか、妻帯者なら持ち家か借家か、応募者の生活の背景が見えてきます。

まずは免許証の現住所との照合です。それらが異なる場合は、「住所変更は済ませていますか?」と尋ねます。この問いかけに対し、済ませていれば問題ないのですが、そうでない場合、「なぜ済ませていないのか?」と問いかけます。

すると、さまざまな「事情」が出てきます。誘導尋問をするわけではないのですが、「離婚をして、転居した」「親が入院しているため、実家に戻っている」「彼女のアパートに居候している」「家賃が払えず、県営住宅に転居した」……。採用の可否は各々の運送事業者の判断ではありますが、知っておきたい個人情報が本人の口から聞くことができます。

こういう展開に話を持っていくために、面接開始時に必ず念押しをしておく必要があります。「事実に反する話や履歴書の記載事項があった際は、試用期間中（当社は3カ月間）に即採用を取り消すこと」を明言しておきましょう。

◎健康上のウソは言わせない

2011年4月に栃木県鹿沼市で、クレーン車が登校中の児童の列に突っ込み6人が死亡した事故で、発作で意識を失った運転者が、意識障害を伴う持病を申告せずに運転免許証を更新していたことが判明しました。警視庁はこの事件を受け、統合失調症やてんかんなど自動車の運転に支障を及ぼす病気に係る運転免許制度の見直しを検討しています。

皆さんの会社では、面接時にこれらの病気について確認しているでしょうか？　その他、腰痛や難聴、ぜんそくといった持病も要注意です。

私はこれらのことを踏まえ、年1回の半日人間ドックの受診を義務づけ、新入社員にも精密検診の結果を見て、採用の可否を決めることにしました。採用時も含め、健康上のウソは決して言わせないようなしくみはとても重要です。

◎資格欄と資格者証・免許証は必ず現物照合確認

資格は、採用をするうえで非常に注目すべき事項です。資格を取得しているだけで業務がうまく遂行できるものでもありませんが、資格取得から着手しなくてはならない人に比べれば、評価できるのは間違いないです。

しかし、資格も免許証同様、資格者証との照合をしなくては意味がありません。取得もしていない資格を資格取得欄に書く人はいないと信じたいものですが、資格者証がなければ、無資格と同じです。万一のとき、処罰の対象になるのは、そのような人物を採用した会社側となってしまうこともあるでしょう。

職歴は、本人の申告なのでなかなか正確に真実を見抜くことは困難です。しかし、資格は、資格名や種別、取得年月日、取得機関を確認することができます。

この資格欄をいい加減に記入する人は、信用するに値しない人物と判断できると思います。そういった意味で、この資格取得欄は重要なのです。

◎転職パターン・在職期間

転職パターンは大きく3つに区分けできます。1つ目は一貫して運送会社の転職を繰り返す人。2つ目は、さまざまな業界を渡り歩いている転職者。3つ目は多くの職種を経験しながらの転職者です。

これに加え、在職期間を加味して判断していきます。基本的には、3年以上続いた会社以外は参考程度に受け止め、職歴を判断します。

3年未満で転職を繰り返す求人者は、基本的には避けるべきでしょう。言うまでもありませんが、我慢が足らないか、自分自身の方向性がまとまっていない人物であることが多いので、あえて採用することは避けたほうが無難でしょう。

運送事業者への転職を繰り返す人については、注目すべきは転職の理由です。よく聞くフレーズが「最初の話と違ったから辞めた」という言い訳です。基本的にこういったタイプのドライバーは人の話を聞いていないし、自己主張が強いものです。非は自分にはない、他人のせい、または会社のせいにするタイプが多いです。

3

うまくいく面接テクニック

実際に面接するときに注意すべきポイントは、以下の5つです。

①ルールを理解し、守れる者か
②経歴を偽っていないか
③約束を守れる者であるか
④トラブルを引き起こす者でないか
⑤私生活の大きな乱れはないか

面接で、この5点をある程度見抜くことができれば、優れた面接官です。この5つを見抜くのは簡単なことではありませんが、質問事項を絞り込み、その質問の真意を理解できれば、上手な面接テクニックが身につくはずです。

以下に、具体的な質問例とともに解説していきます。

①ルールを理解し、守れる者か

質問 今までどんな交通違反をしましたか？

過去に他の社員が取り寄せた自動車運転免許センター発行の運転記録証明書を見せながら、この質問をします（個人情報は塗り潰すなどして隠します）。そして、「入社が決まったら、このような記録を提出してもらいます」と言うと、過去の違反や事故の内容を訂正、あるいは忘れていた違反があると付け加えをする人がいます。こういったタイプは、ルールを守らない傾向が強いようです。

②経歴を偽っていないか

質問 履歴書を拝見しますが、もし、内容に偽りや省略があった場合は、内容によっては採用を取り消す可能性が出てきます。この場で訂正または書き加えますか？

訂正や書き加える内容によっては、面接を中断し、お引き取り願ったほうがよいでしょう。経歴詐称は大きい罪です。採用すべきではありません。しかし、正直に申告があり、軽微な内容であれば、考慮してあげてもよいでしょう。

③約束を守れる者であるか

質問 ドライバーとして守るべきことがらを3つ挙げてください。

まず、面接の時間に遅れてくる者は論外です。理由次第ではありますが、大きなマイナス評価にはなるでしょう。ドライバーとして特に守らねばならない約束事とは、「時間を守る」「飲酒運転をしない」「事故やミスを隠さない」といったことでしょう。こういった約束を破られると会社の信用失墜や荷主に大きな迷惑をかけてしまうことに繋がります。

この質問に対し、全く見当違いの答えをしたり、答えに詰まってしまうようでは、採用するうえで心配です。

④トラブルを引き起こす者でないか

質問 前職の上司（または社長さん）はどんな方でしたか?

これが面接でわかれば苦労はない。その通りです。しかし、いくつかの方策はあります。後でも述べますが、前職の上司の話を聞き出し、悪口を言うようなら要注意です。労基関連のトラブルに繋がる恐れがあります。

あとは私生活でのトラブルです。以前、会社の仲間と揉め事を起こし、それが引き金で退職した者がいました。半年もしないうちに刑事が会社を訪ねてきました。「在職中にトラブルはありませんでしたか？」と。その元社員の傾向としては、人の話を聞いていない、遅刻がしばしばあり、会社の備品を使いっぱなしで放置し、乗り回しの車両の個人的なゴミなどを片づけないなどのだらしなさが目立ちました。

そういった傾向は服装に出ているように思います。スーツで面接に来るまでは必要ありませんが、面接に来るのに常識ある服装をしてこない者は、できれば避けるべきだと思います。

⑤私生活の大きな乱れはないか

質問 休日は、どのように過ごしていますか？

私は、休日の過ごし方で、私生活の状況を判断しています。休日の過ごし方というのは、個性が出やすい質問です。はっきりと「ギャンブル」と言う人もいるし、家族と過ごすという人もいます。時折、言葉が出てこない人もいます。

熱中できる趣味や仕事以外の生きがいや余暇を充実させている人は、仕事にも手抜きのない良い人材が比較的多いように思います。

4 第一印象を最優先させる

以上、5点をポイントとした面接テクニックについて述べました。総じて、面接者が感じ取る**第一印象**が重要です。

人間というのは、話をしていくうちに第一印象を忘れてしまいます。しかし、ひとたび、日頃と違った相手の一面や態度が豹変するような出来事があった場合、相手の第一印象が蘇ってきます。

私は、管理者に面接を任せるとき、「第一印象を信じなさい」と指導しています。第六感で採用の可否を決めなさいということではありませんが、1人の採用枠に対し、複数の応募があった場合は、第一印象を重視し、条件面や過去の実績、職歴は二の次に考えるべきであるということです。

あとは、**面接時の失敗や教訓を共有できるしくみを会社に残していく**ことも大切です。具体的には、面接時の第一印象をメモに書き残し、定期的に検証するというのが私なりのノウハウになっています。私の手元には、「短気」「プライドが高い」「用心深い」「気が強い（弱い）」「細かそう」「おおらか」「親離れしていない」「無関心」「世話好きそう」などという各社員の面接時のメモ書きが残っています。

私は、これを入社後、1年くらい経った後に見直すようにしています。1年も経つと全く違った印象に変わっていますが、その人が良い辞め方をしなかった場合やトラブルになったときは、不思議と第一印象が納得できるものであることが多いのです。

ちなみに、私は、**面接に訪れる求職者のクルマをできる限りチェックするようにしています**。自分自身所有のクルマなのか、奥さんや家族のクルマなのか、友人のクルマなのか。あるいは、自転車やバイク、公共交通機関なのか。意外と、奥さんや家族のクルマというケースが少なくないのですが、この場合は採用不適者の割合が高いです。なぜなら、自身の所有のクルマを見せたくない場合が多いからです。派手なクルマや高級外車、他県ナンバー、街宣車の場合もあります。だから、わざと家族の所有する軽自動車で面接に来るわけです。

採用が決まると、「当社は通勤車両を事前登録してもらいますので、通常通勤に使うクルマを教えてください」とお願いするようにしていますが、仕事を覚えてきた頃に、通常自分が乗っているクルマで通勤するようになると、驚くことがあります。

1000万円以上するような高級外車が従業員用の駐車場に突然置かれ、本人に聞いてみると、「友人から借りた」とか「親のクルマを借りてきた」と言います。もちろん、クルマが単純に好きで、自分の稼ぎの範囲で買ったモノなら何の問題もありません。ところが、毎月のように乗ってくるクルマが変わり、車種が一貫していない（スポーツカー→キャンピングカー→高級セダン車→アメ車など）場合があります。こういったタイプのドライバーに限って、役所から市県民税の滞納により、所得についての照会などがあるのです。

また、個人名を名乗った「在職確認」の電話が会社の代表電話に定期的に入ってくる場合があります。これは危険信号です。いわゆるブラックリストに載っているような人物である場合が多いのです。もちろん、仕事をまじめにやってくれるのであれば問題はないのですが、大抵の場合、仕事に集中できず事故を起こしたり、仲間からお金を借りてトラブルになったり、給料の前借りを頼み込んでくるようになります。

これらのことは、事前に見抜くのは簡単ではありませんが、第一印象で「おかしいな」と思ったときは、私は、その場は採用の可否を「保留」として、「再度よく考えたうえで、当社への入社を希望するかどうかの返事をください」と言い、即決は避けるように指導しています。ワンクッション置くことで、冷静に考える時間をつくるべきです。

面接チェックリスト

	項目	ポイント	チェック欄
①	履歴書	①現住所、②資格証との整合、③賞罰の有無	
②	運転免許証	履歴書住所との整合	
③	事故歴、違反歴	運転記録証明書を取り寄せることを伝える	
④	人物チェック	自己紹介をしてもらう	
⑤	ドライバー経験の有無	3年未満の職歴は重視しない	
⑥	家族や家庭環境	入社後に家族構成表に記入してもらうことを告げる	
⑦	健康状態	てんかん	
		腰痛	
		統合失調症	
		難聴	
		ぜんそく	
		その他（　　　　　　　　　）	
⑧	取得資格欄	取得資格の内容と実務関係（ペーパー資格ではないか？）	
		資格取得日（更新等のチェック）	
		資格証（現物）の有無	
⑨	採ってはいけないドライバーへの3つの質問	前上司に関する質問	
		応募動機からの質問	
		相手のこだわりを引き出す質問	
⑩	面接に乗ってきた自家用車のチェック	通勤車両は登録制にしている旨を伝える	
	その他（　　　　　　　）		

※履歴書は事前にコピーして、思ったことや感じたことをどんどん書き込んでいく

5 採ってはいけないタイプを見抜く3つの質問

履歴書と同様、実際の面接時に「採ってはいけない」ポイントの見抜き方をお教えしましょう。それは、**①前上司に関する質問、②応募動機からの質問、③相手のこだわりを引き出す質問**をすることです。

①前上司に関する質問

前上司についての質問は、応募者が前職場でどういう勤務態度であったかを見抜く、有効な質問になります。

前上司に問題がある場合もありますが、上司とのトラブルで辞めてきたドライバーは、高い確率で次の職場でも上司と揉め事を起こすことが多いように感じます。

とはいえ、偏見になってしまってもいけないので、最後まで前上司の話はきちんと聞き、判断するようにしてください。

②応募動機からの質問

採ってはいけないドライバーとは、次のようなタイプが代表的なものでしょう。

・重大事故や違反を繰り返すドライバー
・荷主に出入り禁止にされるようなマナーの悪いドライバー
・労働審判に発展するようなクレーマー的なドライバー
・会社の指示に従わないドライバー

これを面接で見抜くのは至難の業かもしれませんが、応募動機から逆質問をすると見抜くことができます。たとえば、

「大型トラックに乗りたいというのが応募動機ということですが、事故歴や違反歴が多い方は、中型トラックからのスタートになりますがよいですか？」

これで事故歴や違反歴の多い応募者は顔色が変わります。最終的には運転記録証明書を自動車安全運転センターから取り寄せればわかることなのですが、無駄な時間は省きたいところです。また、

「大型トラックの仕事なら、どんな荷主でも対応してもらえますか？」

と荷主に関わる質問をすると、以前荷主とトラブルを起こしたことがある応募者は、自分は悪くなかったのに……と話し始めることが多くありました。

よく聞いたうえでの判断とはなりますが、注意するといいでしょう。労働審判に発展するようなクレーマー的な応募者はたいてい、求人誌や求人票の内容について再確認をするような質問をしてくるものです。そのようなときは、

「志望動機は勤務時間や勤務地が合うということでしたが、こちらの求人票に詳しく記載してありますので、よく確認してもらえましたか？」

と聞きます。そうすると、重箱の隅をつつくようなことを質問してくる場合があります。これも参考にはなることだと思います。

会社の指示に従わないようなドライバーは、面接時でもその片鱗を見せることがあります。どんなドライバーでも、入社したての頃から会社の指示に従わないことはまずありません。時間の経過とともにだんだん兆候が現われます。

そういうドライバーは、自分の欠点もある程度は自認していますので、面接時に自分のワガママがどのくらい通じる会社か探ってきたりもします。

「どうして当社に応募されましたか？　規則は結構厳しいですよ。トラックの装飾も一切認めていませんし……」

こんな質問をしてみると、「たとえばどういう規則がありますか？　トラックを飾っては絶対ダメですか？」というように食らいついてきます。こういった兆候も見逃さないほ

うがよさそうです。

③相手のこだわりを引き出す質問

本章の冒頭で、面接は雇う側と、雇われる側とのプレゼンの場にすべきということを述べました。私は雇う側として、会社の至らぬ点や発展途上、改革途上の点についても、面接時に話すようにしています。その代わりに一企業としてのこだわりについても話をします。それは、応募者のこだわりを引き出すということも狙いのひとつだからです。

採ってはいけないドライバーのこだわりとは、会社の利益を損なうようなこだわりです。私の会社では、トラックをドライバーごとの専用車にはしておりません。車検や修理、ドライバーの休日に対応するために、毎回、私物をすべて降ろしてから退社するようなルールとしています。

トラックをドライバーごとの専用車にすると、ドライバーが休日のときはトラックも寝てしまい、非常に不利益です。応募者にそういったこだわりがないことを確認する質問をしたうえで採用することにしています。

6 採用してもいい「荒くれ者」の見抜き方

本章1項で、荒くれ者の中には「ハマる」ととてつもない能力を発揮する人がいると述べました。要は**見抜き方、起用の仕方次第**なのです。

まじめ一辺倒のドライバーだと大きな支障はありませんが、要領が悪いことがあります。逆に、荒くれ者タイプの人は手八丁口八丁で効率よく仕事をこなしてしまいます。缶コーヒーをごちそうしたり、瞬時に相手の趣味などを聞き出して、荷主担当者と仲良くなったり、懐に入ることができます。

反面、飽き性というのがもったいないところで、才覚があるし順応性もあるので、転職のハンデなど気にしません。

こういったタイプのドライバーを積極的に採用すべきとまでは言いません。しかし、荒くれ者をうまく使いこなしていけば、今後の人手不足に対応できますし、運送事業者として人材育成ノウハウが蓄積でき、戦力強化に繋がるはずです。

当社には、前に述べてきたような転職を繰り返してきた荒くれ者ドライバーが5名ほど長く定着しており、戦力強化に大きく貢献してくれています。

この5名の共通点は、「キラッと光る実績の持ち主」ということです。会話でそれを引き出すことができれば、採用してもいい人材だと私は思います。

正直、私も面接の際には、採用を迷いました。5名のうちの1名は、見た目だけで判断するならどこも採用しないようないかつい男です。耳にはピアス、坊主頭、ラフな服装。しかし、履歴書を見ると、その文字はとても丁寧で誠意のあるものでした。

彼の出身高校が高校野球で甲子園出場校だったので聞いてみたところ、高校時代は野球部のレギュラーで良い選手だったようです。面接を進めていくと、体育会系で鍛え上げられた礼義正しさを備え、打たれ強そうな一面もあり、採用となりました。

入社から5年が経ちましたが、今では会社に欠かせない存在となっています。自ら進んで駐車場の草取りをしてくれたり、こまめに洗車もしてくれます。交渉力も高いので、高圧洗車機を買ってくれとせがまれたときには、つい認めてしまいました。その分、私の気持ちに応えるだけの行動をしてくれています。高圧洗車機も大切に使ってくれ、感心するほどトラックをきれいに洗車してくれます。荷主からの評判も上々で、逃さなくてよかった、そんな人材に成長してくれました。

7 経験者、即戦力はできれば避けよう

経験者、即戦力は突然の欠員対応や荷量の急激な増加時には、非常に貴重な戦力となることは間違いのないことです。急を要するときは、未経験者を一から育成する余裕はないでしょう。

しかし、ここが我慢のしどころで、仮に管理者や配車係が新人教育をすることになったとしても、先を見据えた採用活動が不可欠となります。

なぜ、経験者や即戦力は避けるべきなのかというと、それは、**新しい考え方を取り入れるキャパシティーの違い**によるものです。とかく、経験者は経験則で物事を判断することが多く、物事を柔軟に受け入れるという姿勢に欠けることがあります。

たとえば、それは「輪留め」などに顕著に現われます。未経験者は比較的容易に受け入れることができるのですが、長年、輪留めをしてきていないドライバーにいきなり求めると、抵抗感を持つ人が多いようです。また、ベテランは、他社との比較をすることから始

める傾向が強いのも特徴です。

・教育担当者が教えづらい
・悪気のない「手抜き」をしてしまう傾向が強い
・慣れによる荷主からの信頼低下を招く

すべての経験豊富なドライバーがこれら3つに当てはまるとは言いませんが、こういった傾向をよく理解したうえで、人選をするといいでしょう。

決して、即戦力である経験者を否定するのではありません。即戦力を採用したことで助けられた経験は、もちろん何度もあります。

1名しか採用できない場面で、即戦力である経験者を採るか、あえて未経験の未完の大器を採るかは難しい選択ですが、甲乙つけ難い応募者がいた場合、私は努めて未経験者を採るように心がけています。

8 社長面接は会社方針を知ってもらう最大のチャンス

面接の最大の目的は合否の判定というのが一般的な捉え方ですが、私は、最終の社長面接を「**会社方針を理解してもらう絶好の機会**」と考えています。

採用は、日々接する上長である営業所長を信じればいいと思います。しかし、会社方針を知ってもらい、植えつけるまでにするのは、トップの役割です。

社長面接は、ほとんどの人が緊張した面持ちで臨みます。そこで私は、プロドライバーの定義を力説します。明確に、必要な人材像を示すのです。

当社の会社方針は、「和と活力あるプロ集団の育成」です。プロとは何か？　プロドライバーに必要なものは何か？　安全や安心に物を運ぶことは当たり前で、運転中のマナーも問われます。

たとえば、渋滞中に雑誌を読みながら運転するドライバーに、プロドライバーとしての意識は感じられないし、休憩中だからといってハンドルに足を乗せて寝ている姿にも、やはりプロドライバーの意識は感じられません。

また、行動指針として「約束を守る」「プロの技術」「品質重視」「安全第一」の4つを掲げています。この4つも、あるべき人材像を応募者に知ってもらうために丁寧に説明しています。

面接で会社方針を理解してもらうためには、わかりやすさが重要です。まずは、社長がどういう会社にしていきたいかを3つのキーワードにまとめるところから始めてみてください。その3つのキーワードを社長面接時に伝えるのです。たとえば、

「**挨拶**がしっかりできるドライバーになってください。あなたの給料を払ってくれるのは私ではありません。お客様です。もっと大事なのは、お客様の得意先で気に入られることです。これが**セールスドライバー**になる秘訣です。

それから、トラックは常にきれいにしておきましょう。トラックは勝手に装飾しないでください。私は**洗車**をするドライバーを評価します」

こんな感じです。これは、まだ会社方針とまでは言えませんが、言い続けていくことで伝える技術も段々身についていきます。

なお、社長面接は、ドライバーにとってインパクトのあるものですが、30分以内で終えることをおすすめします。ダラダラやってしまうと効果が半減してしまいます。

COLUMN

面接は従業員に「夢」を持たせるファーストチャンス

面接というのは、働きたい応募者（雇われ側）と、一緒に働いてほしいと願う雇い主とのお見合いのようなものです。できれば、応募者には夢を持って会社の門を叩いてもらいたいですよね。

私の会社では、今年初めて新卒の正社員を２人採用しました。我われのような小さい会社にとって、新卒の採用は特別なことです。

この２人の採用に繋がったのは、「就活イベント」への出展でした。労働局からの案内で知って参加したのですが、会場に行き、とにかく驚きました。まだ10月だというのに、多くの就職先未定の高校生が詰めかけていました。名の知れた大企業も多く出展されていたので、「場違いだったかな？」とも思いましたが、ブースに座っていると、なんと、立ち見ができるほどに高校生が集まってくれたのです。結果的には、44名の高校生が個別質問に来てくれました。

有名企業でもないのに、なぜ44名も？　それはどうも募集要項が影響していたようです。「５年で事故を半減させるために、新しいプロジェクトチームをつくります。一緒に働きませんか？　まずは楽しい社内報をつくっていただきます」という会社の夢を語ったものでした。最終的には８名が応募してくれ、そこから２名に絞り込む最終面接では、彼らの受け答えの新鮮さ、漂う緊張感を感じ取り、私もこれまでにない貴重な体験を味わうことができました。

無事、入社式を終え、初任辞令を受け取った２人は既に、３回目の社内報をつくり上げました。いきいきと働く２人はとても輝いています。また、２人の入社を境に、事故が激減したという思わぬ効果も出ました。ドライバーも会社の取り組みの本気度を感じ取ってくれたのでしょう。

面接という出会いの場を通じて、会社と人の成長に繋がっていくような良い機会となりました。

4章

プロドライバーを生み出す「新人教育」ノウハウ

1 育成方針はヴィジュアルに示そう

採用面接が終わったら、晴れて入社ということになります。本章では、新人ドライバーをプロドライバー化し、即戦力として活躍してもらうための新人ドライバー教育の方法について、説明します。なお、ここでは、転職・新卒問わず、入社してくるドライバーを「新人ドライバー」と呼びます。

当社の新人ドライバー教育には2種類あります。まずは、入社直後に1日間で行なう「**共通した教育プログラム**」です（91ページ参照）。講師は、教育部門責任者が一貫して担当します。

その後、1週間〜1カ月程度をかけて、個人のレベルに沿った教育メニューで「**個別教育**」を行なっていきます。

まず、共通した教育プログラムについては、1日を前半と後半に分けて進めます。前半は座学の講習となります。会社のパンフレットやホームページ、DVDなどを使って、会社沿革、会社の特色、会社の方針を紹介することから始めていきます。私の会社では、「小さな一流企業」を目指すために、どういった育成方針を取っているのかを説明しています。

また、座学では、プロドライバーに必要な3つの力をバランス良く持ってもらうことを十分に理解してもらいます。ポイントは、言葉だけの説明ではなく、ヴィジュアルに示すということです。ここで、目指すべきプロドライバーのイメージを具体的に印象づけることが、後の教育で大きな効果を上げます。

後半では、現場の一角で、ドライビングスキルの基本である運転操作の基本や、基礎となる整備点検のやり方（タイヤ点検やオイル点検の仕方など）、荷扱いとしてフォークリフト操作を「重要作業ルール20項目」（173ページ）に沿って、実演で教えていきます。最後に、整備点検競技の見本をトラックドライバー・コンテストの競技手順に基づいて教育部門責任者が行ないます。

その後、各新人ドライバーの力量を計るための技能チェックを行ないます。横乗りをし、ドライビングスキルのチェックをします。フォークリフトを実際に操作してもらい、力量を見極めていきます。営業力については、その場ではなかなか力量が計れませんので、営業所に配属後に営業所長からの評価が届くようにしています。

それぞれの力量の結果を考慮して、各新人ドライバーのスキルのレベルを確定します。レベルが確定した時点で、個別の育成方針を伝えていきます。

育成方針は言葉だけではなく、見本となる人材を決め、「会社の求める人材像」をイメージさせることが最も近道です。ここで、後半の実演講習がポイントになってきます。もし、会社方針とズレた人材像を「よし」とすると、新人ドライバーは誤った認知をしてしまいます。

たとえば、タバコをくわえながら、ハンドル操作をする者を会社が「よし」とすると、新人ドライバーは、そのやり方を会社が認めていると思ってしまいます。一度、認知されてしまうと、なかなか軌道修正ができないので、注意が必要です。

以上が、1日の共通した教育プログラムの流れです。この教育プログラムで決まった個別の育成方針に沿って、個別教育がスタートします。

まずは、ドライバーに自分の力量を確認してもらいます。ここまで新人ドライバーに理解をしてもらえれば、1週間～1カ月の間に行なわれる個別教育プログラムにすんなりと入っていけるのです（個別教育については、本章5・6項を参照）。

新入教育プログラム(当社の例)

①会社の概要
・組織、職責図の説明(社長、取締役、管理職の氏名)
・会社の沿革(加盟団体、取引先企業、営業品目)
・会社方針(品質方針・社是・経営理念・行動指針・基本方針)
・年間全社目標・営業所目標

②ISO9001基本教育
・ドライバー記入手順書(作業日報・ETC管理表)
・購買管理手順書
・メンテナンス要領書
・運行手順書
・検査手順書
・異常輸送の連絡手順書
・緊急連絡網

③給与説明
・仮雇用期間内
・入社3カ月間
・ポイント制について
・日報の書き方
・事故積立金
・退職金共済の加入について
・年間休日と出勤義務日数(出勤日260日・休日105日)

④安全宣言・リフト作業重点項目

⑤身だしなみ・挨拶(言葉遣い)

⑥是正処置と取り決め(事故100撰)

⑦DVD鑑賞
・リフト作業、KY(危険予知)トレーニング

⑧運行
・デジタルタコメーター
・ETCカードの取り扱い
・有料道路使用について
・燃料カードの取り扱い

⑨リフト作業の取り決め
・大きさ(トン数、爪長の確認)
・輪留め、ミラー格納、キャッチの徹底
・バック走行時の注意事項
・指差し確認の徹底
・ヘルメット着用
・二度すくい励行
・爪幅、長さの確認(マグネット使用例)など

⑩車両整備講習
・日常点検(運行前点検)
・ドライバーコンテスト用点検要領
・エンジンオイル、エレメント交換
・タイヤ交換、ローテーション、空気圧調整
・グリスアップ
・灯火類の電球交換
・バッテリー液、ウォッシャー液、冷却水の補充
※緊急時:ブースターケーブル、タイヤチェーン、燃料のエアー抜き

⑪荷締め機の取り扱い
・ラッシングベルト、チェーンブロック、ワイヤー荷締め機、ロープ等

⑫トラック運転(安全運転チェックシート) (126・127ページ参照)

⑬リフト講習(運転技能確認表)
・荷台への積み下ろし
・荷主専用製品容器(K1、W1パレット)の取り扱い

⑭作業日報記入、研修アンケート記入

2 「輪留め」教育で下地をつくる

新人教育を効率良く、質の高いものにするためには、「下地」づくりが重要です。いくら良い樹木（人材）であっても、まず下地となる畑が良質でないと、たくさんの大きな実（荷主からの高評価＝利益）はつきません。いくら良い肥料（アドバイスや成功体験）、太陽の恵み（社員への愛情）、雨の恵み（教育メニュー）があっても、痩せた畑からはなかなか売り物になるような良質な実は実りません。同じ種でも、植える畑によって、発育に差が出るというわけです。

私の会社では、「下地」づくりとして、「**輪留め**」の教育をしています。「輪留め」は、「ルールをつくってもなかなか定着しない」「ドライバーのモラルが上がらない」「事故が多く、なかなか減少しない」、そんなお悩みをお持ちの運送事業者におすすめしたい教育方法です。輪留めを身につけることで、ドライバーの安全に対する意識が高まったり、業務に対する向上心に繋がるなど、**ドライバーの品質を上げていくベース**となるのです。

「輪留め」の徹底は、実は過去の事故による教訓からでした。

あるベテランドライバーが高速道路上のサービスエリアで駐車をし、トイレから帰って来たら駐車したはずのトラックが消えていたというのです。まず「盗難」を疑いましたが、エンジンキーは間違いなく手に持っています。それでは、トラックはどこに消えたのかというと、なんと300メートルも離れた場所にトラックごと転落していたのです。

幸い、怪我人や巻き込み車両はありませんでしたが、レッカー代や代替車両への荷物の積み直しなどの手間や費用、何よりも荷主に多大なるご迷惑をおかけしてしまいました。原因は、ギアも入れず、サイドブレーキの引きも甘かったことでした。重大事故にもなりかねない場面だったのです。

この件において効果のある再発防止策は、ギアを入れることでも、サイドブレーキを強く引くことでもありません。輪留めの徹底です。

たまたま私の会社では、この厳格なベースになるルールを輪留めと位置づけましたが、他のことでも問題ありません。たとえば、一時停止の標識がある箇所では、「サイドブレーキ」も引いて完全に車輪を停める、ということでもよいと思います。また、バックをする際に、必ず下車して自分自身の眼で車両後方を目視しに行き、そのうえで運転席に戻り、バックすると徹底している会社もあるようです。

その他、食品を主に運んでいる会社なら、「手洗い徹底」、引越が主な会社なら、「玄関前で靴下を新品に履き替え徹底」でもいいでしょう。要は、**「習慣化」をさせる教育が下地となり、他の教育をするときに役立つ**のです。

私の会社のドライバーに「皆、本当にまじめにルールを守ってくれるけれど、どうして身についたのか?」と質問したところ、次のような答えが返ってきました。

「最初に徹底的に教え込まれた『輪留め教育』で、他のことも苦にならずに身につくようになりました。下地ができたような感じですかね」

新人ドライバーの下地づくりの重要性を認識したきっかけとなった言葉です。

ただ「輪留めをしなさい。決まり事です」と指導するだけでは、大抵「手抜き」をします。私の会社で、この輪留め教育が定着してからは、いつどこでチェックしてもできているという状態にしています。

定着させるのは大変な労力がいると思いますが、こういった基本的なことがきちんとできる下地をつくれば、次の課題に取り組むことが比較的容易となるはずです。

輪留めはドライバー教育の原点

第1段階 〈①輪留め〉

第2段階

〈②サイドミラーをたたむ　③煽りを開ける〉

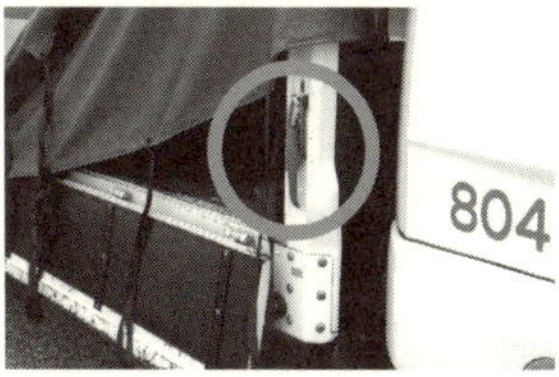

〈④キャッチを元に戻す〉

第3段階 〈⑤輪留めの位置の変更〉

3 安全対策の習慣を身につけさせる

共通した新人教育メニューを終えた新人ドライバーは、各々のレベルに応じた育成メニューをこなしていきます。

特に、安全対策の習慣を身につけさせるのは、未経験者、ベテランと言われるドライバーかかわらず、この育成メニューをこなす段階がベストと考えます。

運送業では、思わぬ事故が起きてしまうことがあります。

私の会社でも、バックした際に、車両後方の死角にあった製品を押し潰してしまったという事故がありました。荷台のウイング（箱形の荷台の屋根、サイド上部が羽根のように開閉する車両の羽根部分）を全開したまま前進走行してしまい、荷主の工場の骨格にぶつかり破損させるという、本来、ありえない事故です。なぜならウイングが開いているときはエンジンがからないような装置が施されている車両が大半だからです。

このような思わぬ事故を防ぐためには、**装置や機械機能にすべてを委ねるわけにはいかないのです。**

日常的なことでは、制服（作業着）の着方についての安全対策があります、特に気温の高いときや、業務終了後に上着のチャックを開けたまま着るドライバーを見かけたときは、意識的に声がけするようにしています。そのようなドライバーを見かけると、「上着はチャックを閉めて着るか、脱いでしまうか、どちらかにしなさい」と注意します。

しかし、ただ注意するだけでは、習慣化しません。私は、その対策の理由をきちんと説明するようにしています。

「前を開けたままでみっともないということだけじゃないよ。私たちの職場は工場が多いから、いろんなところに機械が動いているだろう。以前、チャックを開けたまま着ていた衣服が、機械に絡まって死亡事故になったこともあるんだ。帽子も同じだ。機械を覗き込んだとき、前髪が機械に巻き込まれ、顔がえぐられてしまった作業者もいる。作業着は、危険防止のために着るんだよ」

このように説明すると、大抵のドライバーは、その日から改善してくれます。

また、毎回車両周りを一周し、点検をする習慣も提案しています。

この安全対策を習慣化するために、前項で述べた輪留めを助手席側の後輪にするようにしています。これまでは運転席側の前輪に輪留めをする者が大半でした。助手席側に輪留めをする者は一部であったように思います。

これには狙いがあって、必然的に車両の周囲を行き来しなければ、この輪留めはできません。安全に対する意識があれば、車両の周囲を確認しつつ、輪留めもできるようになるはずなのです。

車両を発進させるうえでチェックすべき箇所は実に多いのです。

□後方の死角（運転席からは確認できない死角）
□タイヤのパンクや亀裂
□荷台の状態（煽りの締め忘れ、荷締めの状態、ウイングの締め忘れ）
□水漏れ、油漏れ
□積み忘れや積み残し
□荷下ろし中や駐車中に他の車両などから接触されたような傷や痕
□製品に貼ってある現品票が取れて落ちている場合

車両周りを一周することは、事故やミスを防止するうえでとても有効な活動になります。新人の段階での導入教育とすることで、さらにレベルの高いドライバー育成を目指すことができます。

プロドライバー育成スケジュール

<table>
<tr><th></th><th>ドライビングスキル</th><th>荷扱い</th><th>営業力</th></tr>
<tr><td>導入</td><td>同乗教育</td><td>フォークリフト特設コースでの基礎訓練</td><td>挨拶徹底訓練</td></tr>
<tr><td>1年目（契約社員）</td><td>ドラコンの学科・点検走行の基礎
5月　ナルキュウカップ参戦（新人戦）
省エネ走行講習会（トラック協会主催）
同乗品質チェック Ⓐ</td><td>現場での抜き打ち品質チェック（所長） Ⓑ
（荷への配慮、指差し確認など）</td><td>顧客満足度（CS）調査
↓
結果により個別指導 Ⓒ</td></tr>
<tr><td rowspan="3">2〜3年目（定着）</td><td colspan="3">Ⓐ Ⓑ Ⓒ すべて合格した者が
契約社員から正規社員へ</td></tr>
<tr><td colspan="2">ドラコン・リフトコンテスト
県大会出場</td><td></td></tr>
<tr><td>新人（未経験者）への同乗模範教育</td><td>定例会（月1回）での技能披露</td><td>営業同行やOff-JT</td></tr>
</table>

4 新人ドライバーを毎朝の始業点呼で教育

プロドライバーを育成するのに大切なのが、1日の始まりの「朝の時間」の迎え方にあると私は考えます。気持ちの良い朝を演出することが、結果として、良質のドライバーを育てます。

未経験者にとっては、**朝の始業点呼がドライバーのイロハを学ぶ絶好の機会**であり、ベテランも含めたドライバー経験を積み重ねてきた者には、**プロドライバーの予備軍で終わらせない再訓練の場**になります。

まずは、「**身だしなみのチェック**」です。前項でも述べたように、服装のチェックは見た目だけを重視するものではなく、安全な1日を過ごしてもらうための機会でもあります。

次に、「**対面点呼**」です。法令で義務化されたことで、儀式的にこなす運送事業者も多いと思いますが、捉えようによっては、効率の良い新人教育メニューの1つになります。

私の会社では「事故100撰」といって、過去に起きた事故（自社他社を問わず）を日替わりで見せていきます。事故で得た教訓を、短時間で共有していくのです。再発事故や重大事故の予防と、生きた安全教育になります。事故の当事者は気まずいかもしれませんが、過去の過ちを忘れさせないことも必要なことです。

そして、最後に「**唱和**」です。まずは**挨拶訓練**です。「ありがとうございます。ナルキユウの○○です。安全運転で行ってきます」という唱和は、営業力の強化になります。

次は、「重要作業ルール20項目」(173ページ)の唱和です。これは、重要と位置づけた社内ルール20個の中から、タイムリーなものを選び出し、1カ月間唱和し続けるというもので、**ルール徹底の訓練**に繋がります。

最後に**安全唱和**です。当社は、「製品の安定状態を目で確認、指差し確認。大きな声で『よし!』」というリフト作業重点項目を3年以上、繰り返し唱和しており、安全意識を促しています。

大切なのは、これらのことを**儀式的にしない**ことです。短時間で効果的な教育の場とするには、雑談も交えながら、良いコミュニケーションの場にするという運行管理者の心がけが欠かせません。この朝の大切な時間を共感できる頃には、新人ドライバーもプロドライバーの仲間入りをしているはずです。

5 個別教育はスキルのレベルに合わせて行なう

ここまで、会社の沿革から社内ルールの説明まで、共通のメニューで行なう新人教育プログラムについてご紹介してきました。

プロドライバーに必要な3つの力をバランス良く持ち合わせたドライバー以外は、「プロドライバー予備軍」として、不足する能力を補う個別教育をしていきます。

105ページ表のように、ドライバーのスキルは8つのレベルに分けられます。Aは、即戦力である真のプロドライバーです。この場合は、さらに磨きをかければいいだけです。B、C、Dは、3つの力のうち1つだけ欠けているドライバーです（**セミプログループ**）。E、F、Gのドライバーは、3つの力のうち、1つだけ持ち合わせるドライバーです（**発展途上グループ**）。Hは、全くの素人ドライバーです（**初心者グループ**）。

この3つのグループごとに教育のやり方を紹介していきましょう。

◎セミプログループ

セミプログループのドライバーは、ほとんどが即戦力として運行させることもできるドライバーですが、模範となるドライバーに同乗するか、営業所長や教育担当者が助手席に乗り、同乗教育を行ないます。

セミプログループは、ポイントを絞って指導します。まずは、「重要作業ルール20項目」を徹底して教え込みます。まず、こういった自社で大切にしている考え方や安全基準、ルールなどを10～20に絞り込み、育成プログラムの柱とすることをおすすめします。いろいろな運送事業者を渡り歩いているドライバーも、あなたの会社の特色や方針を感じ取ることができるはずです。

◎発展途上グループ

ドライビングスキルが不足しているドライバーの中でも、経験者はそれなりのプライドを持っていますので、傷つけないよう配慮します。機会があれば、未経験者を一から指導するような同乗指導に帯同させると効果的です。経験者でも「知らなかった」「忘れていた」「勉強になった」ということが往々にしてあるようです。

荷扱いの技能が不足しているドライバーには、徹底的に荷扱いの訓練に集中させます。

荷扱いには、力量チェック表があり、合格点の70点に達するまで、繰り返し訓練させることになっています。

◎初心者グループ

私の会社では、結果的に最も貢献度が高く、定着度が良いのがこのグループです。最初は、運送業界で働くのは初めてという全くの素人ドライバーです。当然、即戦力として現場に出すことはないので、1カ月ほど、みっちり教育します。

現場は1日でも早く戦力が欲しいはずですが、ここは無理をさせないようにしています。技能不足で起こす事故やミスは、紛れもなく会社の責任となるからです。

自社の敷地内で重点的に行なうのが、車庫入れの練習です。トラックの全長や車幅の感覚を徹底的に身につけるためです。そこでバックの手順も教えます。

また、繰り返し教え込むのが、シフトチェンジです。これを覚えてもらうことで、燃費の削減に繋がります。なかなか身につかないのが、セカンドギアからサードギアのシフトチェンジです。セカンドギアで発進し、タイヤ一回転ですぐにサードギアにシフトチェンジするのが基本です。これを身につけるだけで相当な燃費向上となります。

以上は一例ですが、こういった地道な教育を経て、基礎が叩き込まれた未経験ドライバ

レベル別・個別教育のポイント

<table>
<tr><th colspan="2">特徴</th><th>育成メニュー</th></tr>
<tr><td>A．プロドライバー</td><td>即戦力</td><td>3つの力にさらなる磨きをかける</td></tr>
<tr><td>B．営業力不足</td><td rowspan="3">セミプログループ（経験者に多い）</td><td>模範的ドライバーへの横乗り</td></tr>
<tr><td>C．ドライビングスキル不足</td><td>外部講習参加や教育責任者の同乗教育</td></tr>
<tr><td>D．荷扱い技術不足</td><td>基礎講習の徹底（週1回程度）</td></tr>
<tr><td>E．ドライビングスキルだけ</td><td rowspan="3">発展途上グループ（未経験者に多い）</td><td rowspan="4">約1カ月間の新人教育を行なう。同乗教育、荷扱い基礎講習など</td></tr>
<tr><td>F．荷扱いだけ</td></tr>
<tr><td>G．営業力だけ</td></tr>
<tr><td>H．全くの素人</td><td>初心者グループ</td></tr>
</table>

ーは、不思議と事故を起こしません。また、短期間でトップドライバーに成長します。

未経験ドライバーを短期間で養成するコツは、オーソドックスですが、繰り返し基礎となる訓練をし、評価してあげることです。やらせっぱなしは効果が出ません。

あとは、早く公道に出たい、独り立ちしたいとはやる心を抑えてやることです。「入社3週間は、公道でハンドルは握らせない」と最初に宣言することで、かえって集中して訓練に励んでくれます。

6 タイプ別・新人教育のポイント

前述したように、「新人ドライバー」は、未経験者だけを指すのではなく、同業他社からの転職者や経験豊富なベテランドライバーも含めた、すべての新入社員であるドライバー職全員を指します。そのうえで、タイプに合わせた育成方法について解説していきます。

◎屁理屈が得意なドライバー

トヨタの工場間の輸送を長年してきたドライバーが、「トヨタ式」訓練をしっかり受けてきたうえで、私の会社に転職をしてきました。即戦力ではあったのですが、一言言えば〝三言〟返ってくる屁理屈が多いタイプです。

入社して間もないある日、荷主の構内でフォークリフトによる荷物事故を発生させました。私の会社のルールに従って、原因の分析のための状況見聞を始めました。ところが、ドライバーはまじめに取り組もうとしません。そして、出てきた言葉が「トヨタではめったに事故をしないドライバーが事故をした場合は、細かいことは一切抜きで、上席が映画でも観てこい、と無料チケットをくれたんだけどな」というものでした。

それはそれで効果があるやり方だと思いました。しかし、置かれた立場が違います。トヨタでは事故の少ないベテランドライバーだったかもしれませんが、今は零細運送事業者に新人として入って間もない新人ドライバーです。

これは良い機会と思い、このドライバーを本気で教育することにしました。

私がマンツーマンでトラックの運転操作やフォークリフトの操作をじっと見届けました。多くの言葉は必要ありません。ただ気づいたことを黙ってメモし、最後に指導をします。まさかと思わされるような危険な作業もありました。逆に、さすがと言える熟練の技もありました。1日の訓練が終わり、ドライバーから「どうでしたか?」と聞いてきました。

私は「トヨタではこれでよかった、それがルールだった、という反論は聞かないけど、いいか?」と事前の確認をし、そのうえで1つだけ忠告しました。

「過信による安全確認の省略はやめなさい。必ず自分の目で安全確認をして進みなさい」

これだけです。このタイプのドライバーは、一点集中で指導すれば、戦力になります。

◎我流が染みついてしまっているドライバー

このタイプは、プロドライバーの3つの力のうち「ドライビングスキル」も「荷扱い」

も、一からやり直させなくてはならず、手のかかるタイプと言えます。ゴルフなどと同じで我流で身につけたフォームはなかなか修正ができません。ならば、我流は我流として認め、理にかなったフォームができるように部分修正をしていくのが近道です。

まず、我流の中でも、会社にも荷主にも不利益になるような誤ったやり方だけ、きちんと説明します。そこはすぐにでも修正されないと、大きな損失を負うことになるからです。

実際にあった例を紹介します。トラックの加速時に2速で引っ張るクセのあるドライバーです。当社のルールでは、「タイヤ一転がりですぐに3速に入れる」のがプロのドライビングスキルです。こちらのほうが燃費が格段に良くなりますし、エンジンへの負担も非常に軽減され、燃料費と修繕費が大きくダウンします。一方、2速で100メートル近く走り続けると、恐らく10％以上の燃費が落ちることになるでしょう。

こういった我流を直すには、新人教育で我流がどういった弊害（会社に損失）をもたらすかをしっかりと認識させる教育を行ないます。

この例では、「デジタルタコメーター」を使って、根気よく指導し、自己チェックさせることで、プロドライバーのシフトチェンジができるようになりました。

まずは、ドライバー本人も気づいていない我流の運転を、できるだけ早い段階で指摘するしくみを設けるとよいでしょう。

◎無意識で手抜きをしてしまうドライバー

ドライバーの性格にも大きく影響しますが、「手抜き」を悪気なく行なうドライバーは、経験者のほうが比較的多いように感じます。それは、前職で「手抜き」的なやり方が黙認されていたことが大きく影響します。

それは、手抜きであることを教えていないことが単純な原因です。たとえば、私の会社に転職してくる〝自称ベテランドライバー〟は、一時停止ができない人が本当に多いです。「完全に停止する」ということは、タイヤがいったんは完全に動かない状態をつくらなくてはなりません。一時停止の甘さを、恐らく多くのドライバーが手抜きとは思っていないと思います。

まずは、プロドライバーとして絶対にすべきことで、手を抜いてはならないということを教えることからスタートします。このクセづけができれば、一時停止場所での事故も減りますし、違反行為で反則キップを切られることもなくなります。プロドライバーとして、要領よく業務をこなすことと、手を抜くことの違いを教育していきましょう。

なお、今回のケースでは、自分がラクをしたいために、手を抜くような確信犯的な悪質ドライバーは除外して考えています。

手抜きの根底には、「短時間で作業、業務をこなし、次の工程（納品先等）に急ぎたい」

という意識があると考えます。要領よくやれば、手抜きをしなくても時間短縮ができることを体感させる教育メニューがあります。

たとえば、トラックの荷台上で、さまざまな大きさの容器やケース10個程度を1枚のパレットに積み上げ、荷崩れしないようにトラックから荷下ろしさせる訓練です。これはとても効果的で、手を省くことではなく、要領の良さを覚えます。タイムトライアルで競わせると、さらに効果的だと思います。

◎プライドが高く、人の話に耳を傾けないドライバー

このタイプは、確かに優れた技能を持つ優秀なドライバーが多いです。しかし、プロドライバーと呼ぶには不足した部分があります。

彼らは自分に自信を持っていますから、なかなか人の意見を取り入れようとしません。トラックの運転ではわざと難しい方法で駐車をしたり、フォークリフトの操作では狭い通路でスピードを出し、あと数センチで接触するのではないかというギリギリの箇所を通り抜けたり、連続作業（旋回しながら、バック、リフトの爪を下げるなど）をします。腕はあるのですが、安全ではないし、傍からは自己陶酔しているようにしか見えないのです。

実際、こうしたタイプのドライバーは、「そら見たことか」という事故を引き起こします。

事故についての謝罪は一応しますが、反省の色はあまりありません。

ただ、こういうタイプのドライバーは、負けん気は人一倍強いので、本気にさせると他を寄せつけないほどの能力を発揮します。

こういうタイプの新人教育メニューは、なるべく外部の研修機関にあるプログラムを選び、社外で受けさせるように仕向けます。できれば、打ちのめされて帰って来ることを期待します（さらに自信をつけて、帰って来られるのも厄介ですが……）。

そのタイミングで思い切って、現状の実力レベルと、プロドライバーと呼べるレベルとのギャップについて、日頃感じている意見を言います。

10名の新人ドライバーを採用すると1、2名がこのタイプのドライバーです。うまくいけば、このタイプがトップドライバーに成長していき、指導員レベルまで成長するだけの素質があります。

逆に、うまく捕まえないと、早い段階で逃げてしまいます。全員の前で褒めることはいいのですが、人前で恥をかかせるような行為をすると、途端に心を閉ざしてしまいますので、そのあたりに気をつけながら、主役に抜擢するような采配をしてください。

7 転職者をうまく活用し、戦力化しよう

私の会社には、素晴らしい経歴や実績の持ち主が面接を希望してきます。東京六大学出身者、一部上場企業で部長職まで経験した者、自動車の元トップセールス、変わったところでは、取引先の現役の部長が「ドライバー職」に応募してきたことがあります。

転職者は、とにかく、**前職の経歴を過大評価しない**という決意が必要です。多くの場合、前職の経歴を過大評価し、採用した人に期待通りのプロドライバーは生まれていません。それは、採用する側の認識に問題があるからだと思います。過去は過去、職種も違います。1から出直す覚悟を決めて、転職をさせる気構えを持たせるのが、正しい採用のスタンスです。

彼らのような元々能力がある人をプロドライバーに転身させるにはコツがあるように思います。そこがうまく成功すれば、会社の宝となります。

では、どのように彼らの能力を活用し、戦略化していけばいいのかを、私の会社の事例を交えて説明していきます。

現に、2011年、全国トラックドライバー・コンテスト初出場を決め、全国8位となった石垣君は、上場会社に新卒で採用されたエリート工員。2012年、新たに全国大会に出場を決めた2人も1人は甲子園常連校の元レギュラー、もう1人はプリンスホテル出身というエリートです。

もし、経歴だけを重視した採用をしていたら、こういった結果は出せなかったかもしれません。会社側が過去の経歴を闇雲に受け入れてしまうと、人は謙虚さを欠き、学ぶ姿勢を本能的に閉ざしてしまうからです。

転職に成功し、活躍してくれている彼らには共通した特長があります。**真摯さ、素直さ、ひた向きさ、そして強いプライド**です。

これらの要素は会社組織が強くなるためには、ぜひとも持ち合わせたい個性です。こういった個性のある人材をうまく採用し、さらなる成長を促す機会を与えるようにしたいものです。

前述したように、私の会社には、多くの未経験者がドライバー職に応募してきます。実際に短期間でプロドライバーとして活躍する者も少なくありません。今後は、他業種からの転職者を戦力化するノウハウが、人材を安定的に確保するための強い武器になるのではないでしょうか。

それには、他業種で活躍をした後、ドライバー職に転職してきた優秀な人材をどのように戦力化していくかが問題です。

まずは、どうしてドライバー職に転職をする決意をしたかをよく聞くことです。詮索するのではなく、厳しい現実も教えながら、話を展開していくとよいでしょう。

私は、こういった転職者に対して必ず、次のような「心構え」の話をします。

「ドライバーという職業は、危険と隣り合わせの中、魂の切り売りをするような過酷さがあります。ハンドル操作を1つ間違えれば、トラックは凶器になるし、一瞬の居眠りが、自分の命を落とすことにもなる。ヒヤッとする場面を何度となく体験することでしょう。ただ運転が好きというだけでは務まる仕事ではありません。でも、物流が途絶えると、皆の生活も立ち行かなくなるという意味では、とても尊い仕事です」

私は、組織というのはいろいろな個性の持ち主が集まってこそ強くなると信じています。

特にプロ集団をつくろうとするなら、なおさらです。そういう意味もあって、1人の採用枠で2人の応募者に絞ったとき、私は未経験者を極力採用するようにしてきたのです。

それでは、彼らの能力をどう戦力化するべきでしょうか。今まで実際に行なってきた一例をお話ししましょう。

私の会社では、ドライバーの専用車両という考えがありません。1トン車からトレーラーまで、資格の範囲でどの車両に乗ることになるかわかりません。午前中に4トン平ボディーで運行した後、午後からはトレーラーという配車もします。

ドライバー職である以上、場面に応じてどんな車両でも乗ってもらうという考え方です。これは、顧客のニーズに最大限応えるための体制づくりの結果、定着したものです。

ドライバー職を長年続けてきた転職者には、なかなか馴染めない体制のようですが、未経験ドライバーは難なく受入れてくれます。また、前職での経験も活かした良いアイデアや発想も出してくれます。聞き入れる耳を持てば、事業の発展にも繋げられます。未来の発展のためにも、未経験ドライバーを活用していきましょう。

COLUMN

納車式で大切にしていること

我々の会社では60年の社歴の中で、約300台のトラックが納車されてきました。新車納車というのは、何度味わっても気分のよいものです。

私は、大安吉日の納車にこだわって「納車式」をしています。それは、三菱ふそうトラック・バスの営業マンの一言がきっかけでした。それは、「酒井社長、私の古くからのお客さまで、納車のたびに安全祈願式をされるところがあるんです。新車のありがたみが味わえますよ」。その会社のドライバーはトラックをとても大切しているらしく、事故も少ない模範的な運送事業者だそうです。

何よりも納車式の醍醐味は、社長がドライバーに「この新車をお前に預けるから、安全運転で頼むぞ！」とガッチリ握手をして手渡す新車キーの授与の瞬間ということでした。私は、その話に感動し、「わかった。御社で次の新車買うから、その式のやり方を教えて」と、1200万円もする新車を衝動買いしてしまいました。

こうして、これまで、味気なさを感じていた納車をイベント化することにしました。トラックのディーラーだけではなく、トラック架装メーカーや、社内にいる全社員が参加します。やり方は、ドライバーや参加者の意見や感想を取り入れ、今では我が社らしくアレンジされました。

まず、清酒で全タイヤをお清めしてから、タイヤの前に塩を盛ります。そして、新車に乗ってもらうドライバーに「無事故でお願いします」と、新車キーを社長から手渡します。

そして、皆が一列に並び柏手する中、ドライバーが新車に初乗車し、エンジンを始動して1メートルほど前進します。

このような流れで、納車式をします。新車を受け取るドライバーの満面の笑顔はやはり気持ちのよいものです。いまだ、廃車にするような事故は一切起きていませんから、効果はあるようです。

5章

「プロ予備軍」を再教育してプロドライバーにしよう

1 「プロ予備軍」を育てることが業績アップのカギ

4章では、新人ドライバーの育成のやり方について述べました。経験者、未経験者を問わず、入社をきっかけに短期間でプロドライバーに育て上げてしまおうというのが、新人ドライバー育成の狙いです。しかし、思惑通りにいかない場合も多々あります。

新人教育を経ても、プロ意識が欠乏したままの「プロ予備軍」の存在です。人の言うことが聞けなかったり、習慣をなかなか変えられなかったりして、同じような事故を繰り返し起こしてしまうドライバーたちです。私の感覚でいくと、新人教育をしっかり行なっても、約3割はプロドライバーになり切れない「プロ予備軍」だと思います。

彼らは、まるで落ちこぼれ社員のように見えるかもしれませんが、実は、そうとも言い切れません。彼らは、**育成のやり方や環境の整え方次第で、変身する可能性のあるドライバー**なのです。

プロ予備軍は、どうしてプロドライバー化できなかったのでしょうか？

原因の1つは、新人教育でのつまずきです。これには、会社に落ち度があった場合と本人に問題がある場合とがあります。

ドライバーを独り立ちさせるのは、新人教育で必要なスキルを備えたことを確認してからがベストですが、中小企業にはそこまでの時間的・財政的な余裕はなかなかありません。つい、現場で業務をこなしながら習得してもらおうと、見切り発進をしてしまいます。

私の会社では、未経験・ベテランにかかわらず、入社して2週間は絶対に単独の運行はさせないように徹底していますが、過去に、業務過多により、やむを得ず研修中の新人ドライバーを単独で運行に出してしまったことがあります。その後、このドライバーの新人研修は中断したままとなり、1年が経ってしまいました。こういった事例は、紛れもなく、会社側の責任です。

一方、ドライバー本人の問題として考えられるのが、新人教育を真剣に受講せずに、必要なスキルを習得しないまま、日常業務を行なってしまっているドライバーです。特に経験者に多い傾向です。志が低い、もともとプロ意識がない、向上心がないなどといった要因があります。

これを放置すれば、事故が繰り返し引き起こされる、良いドライバーが辞めていくなど、会社の成長にも影響し、荷主にも見放されてしまいます。新入社員も「この会社は、この程度で許されるんだ……」と先輩の背中を見て、判断をするようになります。

プロドライバーを育てれば、後輩を育成したり、互いに不足を補い合うなど、会社がそれほど手をかけなくても、良いドライバーが育っていくようになります。良いドライバーが良いドライバーを生み出すようになります。

次章でお話しする「プロドライバー集団」を目指すためには、なんとかして、このプロ予備軍を真のプロドライバーに育てなくてはなりません。特に、運送事業者の中心的な戦力である中堅のドライバーを再教育することは、最も力を入れたいところではないでしょうか。

本章では、安全活動や改善活動を通じて、プロ予備軍をプロドライバー化する方法をお伝えしていきます。

プロ予備軍がプロ集団づくりのポイント

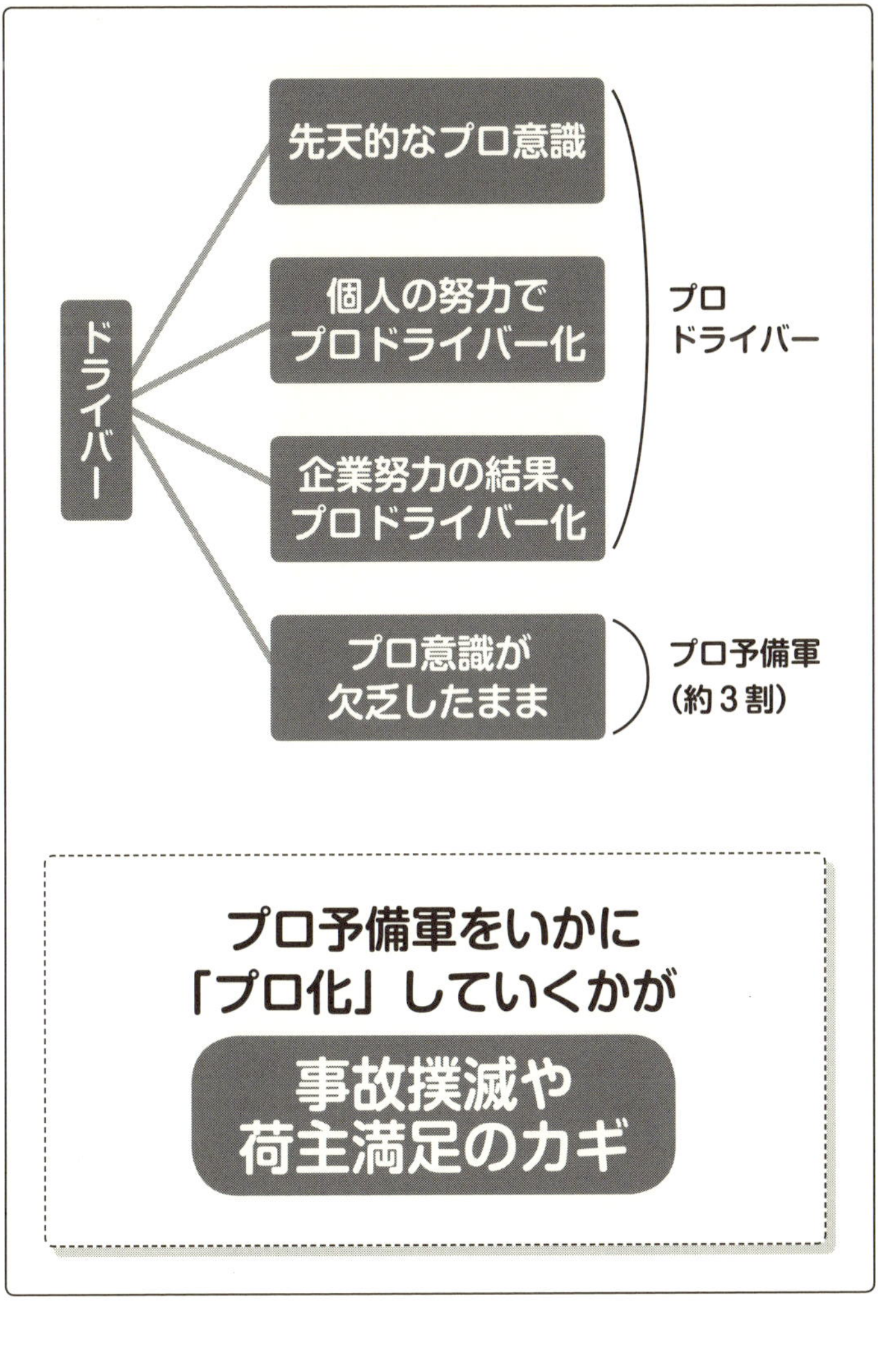

2 「安全運転チェックシート」を活用する

プロ予備軍の教育方法について、まずは、なかなかプロのドライビングスキルが身につかないドライバー対策についてお教えしましょう。

その基本となるのが、「共通した新人教育プログラム」でも使う「安全運転チェックシート」です。私の会社では、このチェックシートをプロドライバーへの近道として活用しています。

「安全運転チェックシート」はすべてのスキルを数値化できるようになっていますので、ドライバーの運転技術が点数で明らかにされます。

安全運転チェックシートの中でもハイレベルなのが、

- **「走行」の4番目「道路環境に応じた速度及びシフト（ギアー）は適切か」**
- **「走行」の8番目「走行中及び変速時などに、ふらつきはないか」**
- **「交差点・字路」の7番目「左折のときの後方・側方の安全確認及び内輪差に注意する」**

です。これらは相当の熟練したスキルがないと身につきません。

項目は「5」「3」「0」で評定しますが、この「5」と「3」の差が、プロドライバーの技術かそうでないかの境目です。新人教育の合格点数ラインは80%ですが、これはあくまで独り立ちさせるかどうかの判定基準で、プロドライバーと認定できるレベルではありません。**80%→100%に近づけていくことが、真のプロドライバーになるために必要なプロセス**となります。

80%を100%にランクアップさせる教育は、**事故を繰り返すドライバーと無事故無違反ドライバーとの決定的な差**にも繋がっていきます。

「安全運転チェックシート」で数値化することで、プロドライバーとしてやるべきことをきちんと評価することができます。まず「5」がつくレベルは、「ほぼ完璧」、「3」がつくレベルは「ごく普通でプロのレベルではない」レベルです。プロ予備軍の教育では、「5」のつかない項目を繰り返し鍛え直していきます。

まず、なぜ5にならないかを理解させることから始めます。「安全運転チェックシート」で弱点を洗い出し、評価を繰り返していくことで、100%（満点）に段々と近づいていくように育成しましょう。

先程、「交差点・字路」の7番目「左折のときの後方・側方の安全確認及び内輪差に注意する」が難解な項目と述べました。具体的には、7番目が「5」にならない場合、何がいけないのか、不足しているスキルは何なのかを理解させ、できるレベルまで持っていきます。

1章で大型免許試験の合否で「安全確認」がポイントになると話しました。この項目では、「安全確認」が十分でないことが「5」にならない原因となるケースがほとんどです。当社で行なっている社内ドライバーコンテストで、審査員からこんな指摘を受けたドライバーがいました。「あなたの左折時の安全確認は、タイミングが少し早い。それが減点の理由です」。

そのドライバーは左折だけではなく、ほぼすべての安全確認が「早い」と評定されました。右折時、ホームづけの際の後方の安全確認、S字走行の際の左右の安全確認とすべてです。この安全確認のタイミングの早いことで、一瞬目が早く離れるため、事故を誘発させる確率が高まることになります。これは、プロドライバーとしては認め難い大きな欠点となります。

このドライバーの走行の得点は、400点満点中340点で、85%相当の点数でした。彼には、日々の運転の中で、安全確認のタイミングを繰り返し訓練させせました。

こうして課題が明確になると、欠点を補う教育もスムーズで、次第に結果も出始めます。定期的に事故を起こしてきたドライバーも、無事故を続けることができるようになります。実際、彼も、「なぜ、事故が起きなくなったと思う?」との私からの質問に、「安全確認が不十分であったことを指摘され、その大切さを考え直す機会があったからだと思う」と言っていました。

プロ予備軍のドライバーは、このような機会を与えないと**永遠に間違った運転を続けます**。運良く事故発生を回避できているだけですから、いずれは事故に遭遇するでしょう。事故を繰り返すドライバーには、やはり欠点があるのです。

この欠点を、再教育の場で見つけ出し、繰り返し訓練させるには、「安全運転チェックシート」は最適のツールになります。

指導項目	確認ポイント	評価点	注意点及び指導内容指導項目
交差点・字路	黄信号は原則として停止、やむなく通過する場合は前車に注意	5 3 0	
	交差点の手前では、予め減速して、車間を取る	5 3 0	
	赤信号での見込み発進はしない（時差信号に注意）	5 3 0	
	右折・左折の合図を30メートル手前で行ない、急な車線変更はしない	5 3 0	
	右折の時、小回りをしない。無理な右折をしない	5 3 0	
	右折の時、直進車や横断歩道に注意する	5 3 0	
	左折の時の後方・側方の安全確認及び内輪差に注意する	5 3 0	
	左折の時、横断歩道や自転車・バイク等の割り込みに注意・確認	5 3 0	点
	積荷に対して右左折時の減速は適切か（製品事故防止）	5 3 0	満点45点
踏切	踏み切りの直前で一旦停止して、シグナルの確認、左右の安全確認	5 3 0	
	窓を開け、音でも確認する（ラジオ等を切る）	5 3 0	
	踏み切りの向こう側の交通状況や余地を確認する	5 3 0	点
	踏切内では、変速せず一気に通過する	5 3 0	満点20点
後進	バックをする前に、自分が後退する場所の安全確認をする	5 3 0	
	バック時は、ハザードランプを点灯し最徐行で行なう	5 3 0	
	バック時は、両サイドミラーと窓を開け目視にて左右後方を確認する	5 3 0	点 満点15点
その他	出発時・帰営時、トラックを一周りし点検する	5 3 0	
	荷物の積みつけがしっかりできる	5 3 0	点
	運転中はゆとりを持って運転する	5 3 0	満点15点

総合評価点
点 満点230点

判定	合　格　・　要教育 ※総合評価点に対し80%以上を合格とする （指導項目の評価値合計に対し80%以上）
総評	確認者　：　　　㊞
受講者コメント	

確認者	所長	品質P	運行部門	社長

安全運転チェックシート

指導項目	確認ポイント	評価点	注意点及び指導内容指導項目
運転姿勢	ハンドルを中心に、体の中心が合致するように着席する	5　3　0	
	座面に深く掛け、体が前後左右に傾斜しない	5　3　0	
	クラッチが、目一杯踏める姿勢	5　3　0	点
	シートベルトは、正しく着用する	5　3　0	満点20点
発進	急発進・急停車はしない（製品事故防止）	5　3　0	
	左右・左下・前下各ミラーで確認後、自分の目で右後方を確認	5　3　0	
	発進後、再度左右ミラーで確認する	5　3　0	点
	空ぶかしはしない（燃料節約）	5　3　0	満点20点
ハンドル	ハンドルは正しく両手で持つ	5　3　0	
	急なハンドル操作をしない	5　3　0	点
	ハンドルで逃げず、必ず減速し停止する	5　3　0	満点15点
ブレーキ	緊急やむを得ない場合のほか、急ブレーキを踏まない	5　3　0	
	早めに、数回に分けてブレーキを踏む	5　3　0	
	下り坂は、エンジンブレーキ・排気ブレーキを使用	5　3　0	
	降車時、ドアーを開ける前に、自分の目で右後方を確認する	5　3　0	点
	運転席から降りるときは、後方から降りる（飛び降り禁止）	5　3　0	満点25点
走行	車間距離は十分取る	5　3　0	
	横断歩道の手前でよく確認し、歩行者等の保護に努める	5　3　0	
	２～３台前方の動向に注意する	5　3　0	
	道路環境に応じた速度及びシフト（ギアー）は適切か	5　3　0	
	自転車・バイクなどの追い越しの仕方	5　3　0	
	道路上・駐車中車両の追い越しの仕方	5　3　0	
	右折・左折・進路を変更するときは、早めに合図し制動を行なう	5　3　0	
	走行中及び変速時などに、ふらつきはないか	5　3　0	
	必要以上、半クラッチをしない。走行中にクラッチに足を載せない	5　3　0	
	カーブ半径に応じた（見通し）安全な速度で運転	5　3　0	点
	危険を感じたら、ハンドルで逃げず、必ずブレーキで行なう	5　3　0	満点55点

3 豊富な講習会プログラムで3つの力を鍛える

私が同業者の教育訓練の様子をお聞きする中で、疑問に思うことがあります。それは、全員参加の教育プログラムが自己満足的に行なわれているということです。

たとえば、「タイヤチェーンのかけ方」講習を全員に対して行なうと、経験の乏しいドライバーにとっては役立つ内容ですが、経験豊富なベテランドライバーにとっては必要のない、退屈な講習になってしまうのです。逆に、「新型トラックの操作」講習などは、若手よりもベテランドライバーのほうが苦手なスキルです。

全員参加型の講習会では、えてして参加することが目的となってしまいがちですが、それではドライバーのレベルアップには繋がりません。講習会などの教育プログラムは、全員参加型よりも、**個別のレベルやスキルに合った、少人数制（5名以下）の講習会**を開くことをおすすめします。

少人数で行なうと、待ち時間を減らすことができ、その分、複数の講習会に参加させることもできますし、参加意識も高まります。

具体的には、講習会は複数用意し、どれに参加しても自由というルールにします。そうすると、ドライバー自身の困り事となっている講習を選ぶことができ、それぞれが有意義な時間を過ごせます。

私の会社では、講習会開催の日を定め、講習会自体は全員受けてもらうことにしていますが、講習会のプログラムは2つか3つ用意しています。ドライバーはいずれかの講習会を、自分のレベルや困り事に合わせて選択します。

豊富な講習会を開催するポイントは、ドライバーの個別の問題を解決するだけではなく、**荷主目線を養う**ことです。

たとえば、「エコドライブ（燃費向上）」講習というと会社のための内容になりますが、「アイドリングストップのやり方」講習と銘打てば、講習内容は同じものであっても、参加者の意識は変わってきます。

「エコドライブ（燃費向上）」講習は、会社のコストダウンを目的としたもので、たとえ、この講習の結果、コストが下がったとしても、荷主に還元されるものではありません。一方、「アイドリングストップのやり方」講習だと、昨今、荷主の構内で盛んに叫ばれている「アイドリングストップ」に直結します。

決して、会社のコストダウンを目的とした講習を否定するわけではありません。しかし、プログラムが画一的だと、参加者の意識も高めにくいと思うのです。

そこで、**荷主の目線と会社の目線を持ったプログラム**を用意することで、プロ予備軍の力量不足を補っていきましょう。

画一的な教育プログラムでは、ウィークポイントを補うことが難しいですし、大人数の集合教育では、参加すること自体が目的になってしまいがちです。結果として、プロドライバーを養成する近道は、小集団活動を通じた豊富な教育プログラムをつくり、その精度を上げていくことです。

当社では、このような講習会を定例会議の中で行なっています。定例会議ではその他に、事故分析なども行なっており、良い教育の場となっています（詳しくは、8章2項）。

豊富な教育プログラムの例

荷主満足を高める講習プログラム

・製品の特性（荷物）研修
・事故事例講習

コストダウンに直結する講習プログラム

・エコドライブ講習
・タイヤチェーン講習
・新型トラック取扱い講習
・オイル交換講習
・タイヤローテーション講習

荷主にも会社にもメリットのあるプログラム

・アイドリングストップ講習
・指差し確認講習
・運行前点検講習
・接遇マナー講習
・荷締め講習

4 点呼を活用し、毎日再教育しよう

点呼については4章4項で「ベテランも含めた、ドライバー経験を積み重ねてきたドライバーには、プロ予備軍で終わらせない再訓練の場になる」と申し上げました。プロ予備軍をプロ化していく場合においても、点呼は最も有効な行動習慣です。

朝の点呼では努めて、ドライバーのやる気を引き出すような話を中心にしていきます。褒めることがあれば、朝のタイミングが絶好です。「昨日は、よく気を回して積み替えをしてくれたね。おかげで、今日の配車が楽に組めたよ」「昨日は燃料満タンにして帰って来てくれたんだね。ありがとう」など、テンションを上げる声がけから始めます。

そして、こんな働きかけをしましょう。「今日は、デジタコ100点狙っていこうか。アイドリングストップ厳守でいこう」「最近、挨拶はできてるよね。大丈夫だと思うけど、よろしくな」と苦手な部分を補わせるような言葉をかけていきます。朝の点呼でモチベーションを上げさせてから、行なうのが効果的です。

私が朝の点呼を大事にしているのには、ドライバーのモチベーションアップという目的があります。

私は以前は、毎朝4時に会社に出勤して、事務作業をすべて片づけた後、トイレをピカピカにし、休憩室を隅々まで掃除し、配達されたばかりのスポーツ新聞をテーブルの中央に置き、すべてを整えて、ドライバーを迎え、気持ちの良い朝を演出していました。朝は絶好の教育の場だからです。当時は現在行なっているような点呼制度はありませんでしたが、ドライバーの声に耳を傾け、自分の考えを少しずつ伝えるために、毎日対話を心がけていました。

それでは、終業点呼は大事ではないのかというと、そうではありません。確かに朝の演出がドライバーの1日の決め手になることが多いですが、**終業点呼は、ドライバーに指導をするのに一番良いタイミング**と言えるからです。

朝からドライバーに怒鳴りつけるような管理者はいないと思いますし、いてはいけないと思います。朝、ドライバーを叱りつけて、気分を害するようなことをすれば、良い仕事ができるとは思いません。そういう意味で、注意すべき点や事故後の反省点、荷主などからのクレームがあった場合は、夕方に伝えるのがベターです。

逆に、ドライバー自身の愚痴や不満を聞くことも多いのが夕方の時間です。ドライバーの心の状態も意識しながら、指導する場として活用しましょう。

また、ドライバーに、**明日の運行のための段取りを教える**、良い機会でもあります。仕事は良い準備なくして、良い結果はありません。翌日の納品先の所在地を地図で調べさせる。荷締め機をメンテナンスさせる。今日使った道具や設備の整理、格納をし、次の使用に備えるなど……。やるべき準備（段取り）をさせることで、ドライバーも成長していきます。

先程、事務仕事を翌朝早くに済ませていたと言いましたが、それは終業時にも集中してドライバーとコミュニケーションを図るためでした。

皆さんの会社では、点呼を終え、運転日報を書いた後、ドライバーたちはすぐに家に帰ってしまいますか？　それともドライバー同士が会話をしたり、上司とのコミュニケーションを取ったりしている光景がありますか？　これは大きなポイントです。前者の兆候があれば、点呼の質を考え直したほうがよいでしょう。

こういった傾向がある場合は、再教育もはかどらないはずです。まずは、おざなりな点呼になっていないか？　管理者が業務に忙殺され、ドライバーの話に耳を傾けていないのではないか？　などのチェックをしてみてください。点呼の質を良くしていけば、ある程度は解決に向かうはずです。

プロ予備軍で終わらせない再訓練の場として、ぜひ点呼を活用してください。

朝の点呼は、始業時のピリッとした緊張感を生み出す瞬間であるとともに、襟を正し、朝の気怠さから抜け出す効果があります。この意識がないと、始業点呼の質は上がりません。また、その後にどんな良いメニュー（唱和や訓示など）があっても実になりません。

終業点呼は、最高の再教育の場にしましょう。そのためには、会話が弾む雰囲気づくりは欠かせません。荷主からの配車の確認や、ドライバーへの業務連絡でごった返す時間帯と重なり勝ちですが、笑顔で「お疲れさま」という声がけは省略しないことです。些細なことが、点呼の質を決めていきます。

ちなみに、私の会社は拠点が6カ所ありますが、「IT点呼」を活用しています。各拠点の運行管理者が当番制で夜間・早朝も点呼を行なうのです。IT点呼はTV会議システムを採用し、アルコールチェッカーも携帯メール機能を使って点呼者に送られます。

このやり方を実施して10年ほど経ちますが、ドライバーには概ね好評なようです。深夜に帰庫して誰もいないよりは、テレビ画面を介してでも人と接することができるのは安心感に繋がるようです。

5 うわべだけで頷くドライバーへのアプローチ法

プロドライバーを何とか育て上げようと熱心に指導を試みても、「うわべだけで頷く」だけで全く自身の信念を曲げようとしないドライバーが必ずいます。

「はじめに」でプロドライバー集団を形成することで運送事業者の「悩み」は半分になると記しました。なぜでしょうか？　それは、プロドライバーが増えることで安全が増し、危険が減るからです。

では、なぜ安全が増え、危険が減るのでしょうか？　それは、教育した内容をドライバーが効率良く吸収するようになるからです。

では、なぜ効率が上がるのでしょうか？　それは、基礎をしっかり身につけるためのルールや教育体制が出来上がっているからです。

では、なぜそういった体制が出来上がったのか？　それは、ドライバーそれぞれが培ってきた経験値を重視しすぎず、会社方針を理解させたうえで、教育の下地づくりから丁寧に取り組んでいるからです。

ベテランと自称する「プロ予備軍」ほど、口先だけで、人の話を聞きません。いえ、聞かないだけなら、まだましです。指導したのと真逆のことをしてきたりします。

こういったプロ予備軍を、真のプロドライバーに転身させていくためのアプローチ方法を示していきます。

アプローチは、**①見守る→②突き放す→③試す→④負けん気を引き出させる→⑤プライドをくすぐり、真の自信をつけさせる**の5段階で行ないます。

彼らが実直で素直な一面を上司や同僚にさらけ出せたとき、それは大きな力を発揮する段階に大きく近づいたときです。多少、不器用なところも見せますが、**まずはじっと見守りましょう**。勝手なことも言います。強がりも言います。態度が悪いこともあるでしょう。しかし、じっと堪えて待ちましょう。

管理者は、少々のことでは満足しない姿勢が必要です。「お前はこの程度じゃないだろう」「まだまだ」という声がけをして、効果が出るか、伸び悩むかを冷静に見極めます。

そして、**突き放す**段階に入ります。良い意味で「無視」をします。特に基本的なルールを破ったり、怠ったときに取る態度とするといいでしょう。

彼らに考えさせる機会を与えるのです。彼らは自分なりのポリシーを持っており、自分を曲げようとしません。そこを良い方向に向けさせるには、この突き放す行為が有効です。

大抵の場合は、自らこの状況に気づいてくれます。タイミングを見計らい、見放した理由と行くべき方向を指し示しましょう。

ここから**試す**段階になります。この試す段階では、プロ予備軍がどこまでの可能性を秘めているかを見極めるときでもあります。どうして伸び悩み、技能が身につかないのかを探ってやらなくてはなりません。

私の会社には、何としてでも育て上げたかった、私と同じ歳のベテランドライバーがいます。献身的に上司である営業所長の指示に従い運行をこなし、他の仲間が嫌がるような業務を、自分から進んで嫌な顔一つせずやってくれます。しかし、このドライバー、事故やミスを半年に一回ペースで繰り返すという問題の持ち主なのです。

結局は、人の話をまともに聞いておらず、「うわべだけで頷く」のみで、仕事のスタイルを変えようとしないのです。

彼が最後に起こした事故は、ＥＴＣのゲートで前方の車両がトラブルで立ち往生しているのを見て、とっさにバックしてしまい、後続の乗用車に追突してしまったというものでした。普通に考えると、あり得ない事故です。理由を聞いてみると「先を急いでいて、焦っていた」ということでした。

何度も同じようなミスを繰り返すこのドライバーに対して、思い切って転勤させてみることにしました。上司をはじめ、環境を変え、刺激を与えるという狙いです。

彼は当時の営業所長を慕っていたので、本意ではなかった様子でした。新しい上司は温情型の前上司とは違い、理屈ではっきり物事の判断をする理論派です。

私は、「まず1年間無事故を目指しなさい。それが前の営業所に戻す条件だよ」と約束しました。転勤先は、300日以上連続無事故日数を続けている営業所だったので、かなりのプレッシャーになったはずです。

意外に負けん気が強い一面があるようで、意地になって食らいついてきました。新しく担当した荷主にも気に入られ、本人もやりがいを感じてきたようです。その背景には、新しい上司である営業所長が上手に、プライドをくすぐりながら、自信をつけさせていたということもありました。「お前は、毎日同じことの繰り返しをする仕事が向いている。荷主も褒めてくれた」と毎週のように荷主先に出向き、地道に作業のチェックや指導をしてくれたようです。

このように、問題ドライバーとあきらめかけていたドライバーが1年間無事故を達成し、見事にプロドライバーに転身してくれました。目標を実現させるプロセスによって、5段階目の**プライドをくすぐり自信をつける**ことができた、成功例です。

COLUMN

気持ちが届かなかった教育の失敗例

知らせは、突然、私の携帯に入ってきました。「死亡事故を起こしてしまいました」。社長就任後、初めての死亡事故です。横断歩道を渡るご老人をはね、ほぼ即死状態ということでした。

葬儀では、人々と目をまともに合わせることができませんでしたが、泣きじゃくり謝るドライバーに対し、奥様は強く咎めることはありませんでした。私は、そこで自分の非をきちんと認めてほしかったのですが、私の目には「自分は加害者だが、でも被害者でもある」というような表情に映ったのが気になっていました。

その後、全従業員とドライバーと一緒に事故現場に出向き、全員で黙祷をしました。その後は公判や保険会社との折衝、初七日、四十九日の法要、月命日の焼香など、ドライバーは逃げることもなく、一緒に加害者としての責務を果たしました。

そのドライバーには、配置換えをし、梱包作業員として仕事を与えました。梱包作業員は定年再雇用者や女性パートが中心で構成されており、彼にとっても更生のステップにもなると私は考えました。ところがある日、温厚な年配の作業者が、そのドライバーのダラダラと作業をする態度に腹を据えかね、怒鳴りつけました。それをきっかけに、彼は二度と出勤してくることはありませんでした。

問題は、決して死亡事故を起こしたことではありません。問題なのは、結局は自分のことしか考えていなかったことが、仲間の証言からわかったことです。自分はドライバーの仕事しかしたくないから、免許証が再交付されるまでは雇ってもらい、運転ができるようになったら他社に転職することを決めていたそうなのです。解雇になれば、経歴にキズがつきますが、失業保険は即日支給されるということまで計算に入れ、会社に居座ろうとしていたのでした。

それを知ったときは本当にショックでした。事故を起こしても何とか会社に報いたいという気持ちで辞めずに頑張っていると思い、助けてやろうという思いを踏みにじられた気持ちになりました。

6章

個性を最大限に活かす「プロ集団」のつくり方

1 プロドライバー集団をつくる10のステップ

　ここまでプロドライバーの育成方法をお伝えしてきましたが、プロドライバーが1人いるだけでは業績が上がるとは言えません。荷主満足を獲得するためには、ドライバー全員がプロの意識を持った「プロドライバー集団」を目指していかなければならないのです。

　プロドライバー集団をつくり上げるために、次の10のステップを実践していきます。私の会社では、この10のステップを使い、トラックドライバー・コンテストで、11名の県大会入賞者を生み出し、団結力のある強いプロドライバー集団をつくり上げました。

　当社も、突然、全国トラックドライバー・コンテストで入賞者を輩出できたわけではありません。まずは、「県大会で3位入賞」と宣言しました（ステップ1）。

　この宣言を実現するためには、手の届きそうな目標設定（週に一度ドラコン点検実施など）からスタートしていきます。目標はわかりやすく、具体的なものから始めて、徐々に大きな目標にチャレンジしていきます。目標達成をしていく中で、ドライバーの模範となるリーダードライバーも育てます。

ステップ1 まずは最終的な目標を設定し、宣言します。「○○をやっていただきます」と宣言する目的は、××のような事故をなくすためです。

ステップ2 小目標に対して評価します。ここではできる者への評価にとどめます。できない者、しない者、やろうともしない者は黙認してもいい段階です。

ステップ3 モデルとなる者を決め、高い品質にまで育て上げます。

ステップ4 リーダーとなるドライバーの選出をします。

ステップ5 罰則なし（猶予期間）の終了を宣告します。

ステップ6 ペナルティーの明示をし、現場を繰り返し点検する。同時にできている者への報償も行ないます。

ステップ7 ペナルティーを実施していきます。現場の点検をトップマネジメント（社長）が行ないます。

ステップ8 営業所またはグループ別評価をします。

ステップ9 営業所表彰をします。

最終ステップ 個人レベルの評価（昇給または減給や戦力外通告）をします。

ステップ1から4までは、ペナルティーを課すことなく、営業所単位・小集団単位で一斉教育を数回行ないます。この猶予期間を設ける（1年くらい）ことが、スムーズに進めるコツです。そして、ステップ5の猶予期間終了の宣告をしてペナルティーを明示します。

最終段階を迎える頃には、何人かの人材の台頭が見られるはずです。「あいつ変わってきたな」「急成長したな」「あの営業所は勢いが出てきたな」と感じることでしょう。同時に、**新規荷主の獲得などに繋がってくるといった成果もついてくるはずです。ポイントは途中で飽きさせないこと、投げ出さないこと**です。

安全活動や改善活動は、効果を出すまでにそれなりの時間と手間とコストがかかります。ここをあまり焦ってしまうと、効果どころか、逆に「ついていけない」とドライバーの反発を招くことも出てきます。

荷主からの緊急要請があるとなると、余計に焦ってしまいますが、ここはじっと辛抱が必要なところです。時には、会社方針や育成方針に納得のいかない社員が「辞めさせてくれ」というかもしれません。そこは粘り強く、説得するしかありません。最大の目的は**事故の撲滅と会社の利益の追求**です。

プロ集団をつくるメリットは、荷主も、会社も、ドライバーも幸せになることです。次項から、優れたドライバーだけでなく、個性豊かなドライバーも活かしながらプロ集団をつくる10ステップを段階的に説明していきます。

プロ集団へ一歩ずつ近づくための10ステップ

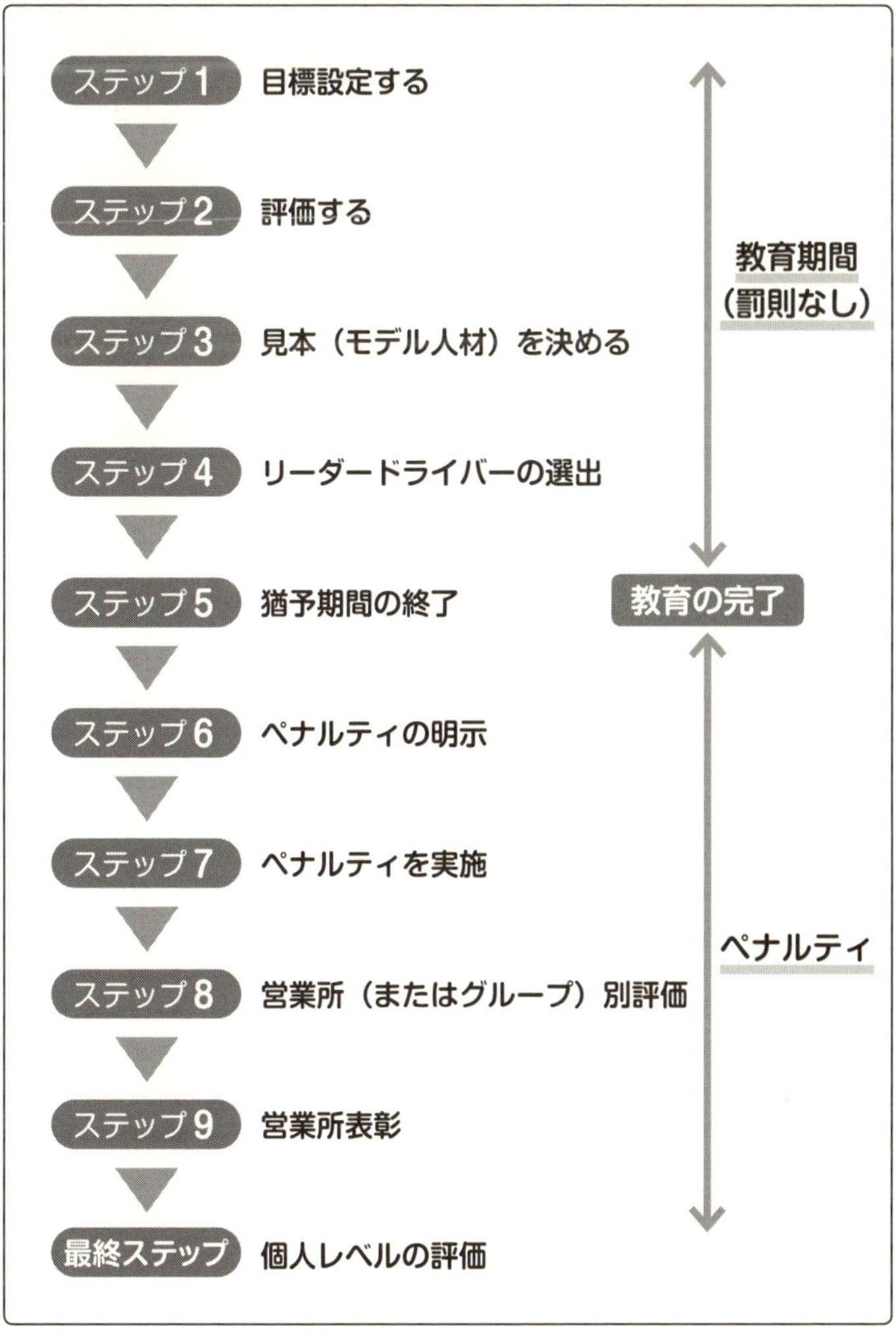

2

ステップ1

プロ集団として目指すべき目標を宣言しよう

プロ集団をつくる1つ目のステップは、**長期的なゴールになるような目標を設定し、それを社長が宣言する**ことです。

たとえば、私の会社の場合は、「5年で事故を半減させる」という目標を宣言しました。当社の事故の定義は、「すべての異常を事故とする」です。〝すべての異常〟ですので、サイドミラーを電柱にぶつけ、破損させても事故ですし（自損事故）、輪留めをしていないなど、「重要作業ルール20項目」（173ページ）に違反していることが確認されても事故とし、年間で60件ほどある事故を、5年で年間30件以下にさせると宣言しました。

こういった宣言をすれば、その瞬間からこの目標に向かって組織が一丸となって突き進んでくれる……、もしそうなら誰も苦労はしません。現実は、宣言するだけでは、一向に前に進みません。

そのプロセスには、想像できないような現実が待っているものです。

それでも目標を達成するためには、**進捗状況を公表しながら、小さい目標を示していく**ことが必要です。小さい目標設定と達成を繰り返し、ドライバーに関心を持たせ、評価をし、時にはペナルティを課しながら進めます。その中で、強い組織づくりができるようになります。

ここでは、プロ集団をつくる1つ目のステップとして、ドライバーの意識改革に繋がる具体的な目標設定の仕方を紹介します。

私の会社の場合は「5年で事故半減にさせる」という目標を達成させるために、「100日連続無事故」という小目標をつくりました。小目標は、組織単位（3～5名程度の小集団単位でも可）で掲げることが重要です。それを達成する積み重ねが、プロ集団づくりに確実に繋がっていきます。

これは、ドライバーへの意識改革のための1つの手法として、おすすめしたい取り組みです。

「事故を起こしたくない」のは、ドライバーなら誰でも同じです。でも、その意識の中身は個人差があるようです。単純に「給与カット」が嫌なだけのドライバーが多くいますが、一方で、「プロとして事故を起こしたくない」という固い意思が働くドライバーもいます。運送事業者としては後者のドライバーであってほしいものです。

私の会社では、営業所単位で無事故記録をカウントしています。20名の営業所から5名の営業所までさまざまで、不公平感を持つ営業所長やドライバーもいますが、「自分さえ事故しなければいいんだ」というバラバラ集団を組織化する狙いがここにはありますので、これでよいのです。

また、事故をABCにランク分けすることもしています。

過失が大きな損害や死傷者が出る事故、あるいは荷主に多大な損失を与えたり、信頼を大きく損ねるような事故については、Aランクの事故とします。最も軽微な事故で、損害額もなく、即座に自己申告がされた事故についてはCランク、それ以外はBランクの事故としています。

たとえば、ヘルメットのあごひもをせずに、フォークリフトの操作をし、荷主から注意を受けたとします。これもCランクの事故です。

不名誉な事例ですが、荷主の構内で設備に接触した当て逃げ事故を隠蔽したドライバーがいました。その当日に荷主から、照会がありました。「おたくのドライバーさん、うちの構内で接触事故を起こしてないですか?」という内容でした。

管理者はドライバーが帰営後、聴取しましたが、「知りません」との返答でした。即座に管理者は「うちのドライバーではありませんでした」と、報告をしました。ドライバーを信じてやりたいとの一心でのやり取りでした。

しかし、荷主による詳細な現場検証により、私の会社のドライバーの起こした事故であることが証明されました。隠蔽は重大な過失であり、荷主からの信頼を大きく損ねる結果となりましたので、最も重度のAランクの事故としました。

事故が発生した際には、「**事故速報**」が各営業所にFAXで送信されます。ドライバーのミスや過失を戒める目的ではありません。事故再発や連鎖事故、類似事故を未然に防ぎ、周知させ、ルールを再度徹底させることが目的です。

社内に掲示してある事故速報には、「なぜなぜ分析（なぜ5回）」を活用し、事故の真因（最も核となる原因）を分析し、再発防止を促します。この速報には、連続無事故記録が何日でストップしてしまったかの表示もします。

ちなみに、トラックドライバー・コンテストで入賞するようなドライバーの連続無事故記録は、1000日を軒並み超えています。

100日は大体3カ月。**緊張感が維持できる期間**です。営業所内の誰かが事故を起こせば、またカウントは振り出しに戻ります。

上長である営業所長は、悩みながらも100日を達成するにはどうすればいいか、工夫を凝らします。つい数カ月前、100日連続無事故を達成した営業所は、最も在籍ドライバー数が多い愛知営業所でした。最後の1日（100日目）の運行は、祈るような気持ちで、皆で見送ったそうです。

最後の運行を担当をしたドライバーは、私の会社で初めてドライバー職に就いた10年目のベテランです。最後の運行を終え、エンジンキーを抜いたときは、味わったことのない安堵感と達成感があったそうです。

他のドライバーにも「100日達成」のメールが一斉に発信されたようです。お祭り騒ぎでとても盛り上がりましたし、まとまりのあるプロ集団が出来上がった瞬間でもありました。営業所長が自腹で、全員にラバーグリップの手袋を贈ったそうです。

「100日連続無事故達成」を何度か積み重ねていくと、**保険料のダウン**という恩恵が受けられるはずです。

ほとんどの運送事業者が、任意損害保険に加入をされていると思いますが、事故の発生頻度などにより、フリート契約の割引率が決まります。要は、事故が少なければ保険料は割安になり、事故件数が多ければ、あるいは損害賠償額が多く支払われた場合は、保険料が高くなるというものです。

10台以上の車両を1枚の保険証券で契約した場合、契約者ごとの割引（割増）に加え、さらに5％の多数割引が適用されます。これが「フリート契約」と言われるものです。

私は、協力会社として運送事業者を選定する場合は、この保険料率を申告していただくようにしています。これは、企業努力の賜物であり、経営者の安全に対する意識を示すものでもあると認識しているからです。

当社は、70％割引を50年以上維持してきました。これは、事故発生率が少ないことと、事故発生による損害賠償額が少額なことが維持の条件となります。

事故が多い運送事業者は、定価保険料に上乗せした金額を支払わないと保険をかけることができないという事例もあると保険会社から聞いたこともあります。こういった状況になるのは、人身事故により被害者が入院をし、完治までに時間を要して治療費が高額となり、また、経済的な損失が大きい方（年収や報酬など）の保障が高額となった場合です。

こういった事故は不運とも言えるでしょうが、やはりトップが宣言してドライバーの安全意識を高めていくことで、予防ができるものです。

経営者の意識は、至るところに現われます。意識の薄い経営者が、ドライバーの事故発生時に制裁的な叱責をしてもあまり効果がないように思います。経営者が会社の不利益を悔やみ、ドライバーを責めているようにしか感じられないからです。特に、多くの運送事業者を転々とするドライバーなどは経営者の事故に対する意識を瞬時に見抜きます。

何がなんでも事故を起こしてはならないという意識を経営者が持つことで、宣言に説得力が増していきます。以下は、経営者が意識して変えたいポイントです。

①事故発生の真の原因を徹底的に分析する姿勢（真因分析）
②事故の原因をヒューマンエラーではなく、しくみの欠如と捉える姿勢
③車両の傷、凹み、損傷などに対し、放置せずに即、修繕をする姿勢

以上の3つのポイントは、口頭で伝えるだけでは、なかなかドライバーたちの意識を変えることができません。そこで、3つのポイントを掲示物にして会社の目立つところに貼っておくと、効果的に意識づけすることができます。特に管理者の意識を変えるのに有効な方法です。

経営者の宣言がドライバーたちに浸透していけば、不思議と事故が減少し始めます。つまり、宣言がドライバーたちのアクションとリンクしてきたということです。

3

ステップ2 評価する

小目標達成の評価は、ドライバー個人単位で行なっていかないと、強いプロ集団づくりの足かせとなってしまいます。あなたの会社には、ドライバーを数値で評価するしくみがありますか？　絶対評価が可能な数値で、ドライバーの仕事の質を平等に計ることは有効な手段です。

たとえば、デジタルタコメーター（デジタコ）は、数値管理ができるものの1つで、最近では多くの運送会社で装着することがスタンダードとなりました。もちろん最終的には、全ドライバーが毎日100点満点であることが理想です。一足飛びにはいくものではありませんが、これも段階的な導入手順を採用すべきことと思います。

まずはＡＢＣランクでの大まかな評価から始めます。Ａランクは90点以上、Ｂランクは80点以上90点未満、Ｃランクは80点未満、という区分けです。

日々管理していくのですが、月単位での評価が効果的だと思います。日によっては、80

点でBランクの下限まで得点を落としてしまっても、翌日100点を取れれば、平均90点となり、Aランクに戻れます。**挽回ができるように管理する**ということです。

月単位でAランクであったドライバーには、管理者や経営陣から評価する言葉をかけ、掲示をしたりするとよいでしょう。

Bランク以下であったドライバーには、どうすればAランクにできるかを個別で指導をし、次月にランクアップすることを約束してもらいます。

デジタコの得点設定は運送事業者の考えにより調整をしてください。会社が決めた基準でCランクなのであれば、重大な事故を起こしてしまう可能性が極めて高いドライバーと言えるため、ドライバーとしては不適格と評価するしかありません。

このように、ドライバーを個人レベルで評価をする指標を設けると、大目標達成へのプロセスとして小目標が立てやすくなります。さらに、数値化すれば、プロ集団にどの程度近づいているかが、「見える化」できます。

私の会社では、年に一度の社内大会（ナルキュウカップ）の得点を分析し、個人別の評価をするようにしてきました。同時に、営業所別の平均得点で競う営業所表彰を勝ち取るための個人のレベルアップも促し、チームワーク（ドライバー同士が教え合って、互いを高めていく）の醸成を図っています。

個人のレベルアップを通じてプロ集団づくりをしていけば、チームワークを良くする効果に繋がります。チームワークの良い組織は、組織の共通目標を達成するために、ドライバー同士、ないし上司と部下のコミュニケーションが円滑です。

当社でも、100日連続無事故を達成し、200日も間近な営業所では、仲間が危険な作業をしているときは、自発的に補助に入ったり、バック走行をしている仲間がいれば、とっさに誘導に入るなどのチームワークが出来上がっています。

上司と部下のコミュニケーションは、特に事故やミスをしてしまったドライバーへの個別指導時に重要なポイントとなります。

上司である営業所長などは、どんな事故やミスが起きても可能な限り、現場に素早く駆けつけ、一緒に見聞をし、迷惑をかけてしまった荷主や被害者に一緒に謝罪をします。そして、その日のうちに徹底した状況見聞と再発防止のための真因分析と、他の営業所に水平展開するための「**事故分析速報**」を協力してつくり上げます。

上司は部下に対して、決して頭ごなしに叱ることはしません。ルールを故意に守らなかったり、手順を無視したことで起きた事故やミスについては厳しく指導しますが、それ以外は**あくまでもプロ集団をつくり上げる過程での必要なプロセス**と捉えます。

事故やミスはヒューマンエラーだと決めつけてしまうと、上司と部下の人間関係は次第に悪くなっていきます。

まずは、仕事をさせる環境において、しくみづくりをしながら、事故分析の視点を変えてやることです。いきなりドライバーに「おまえが悪い」という固定観念を持って叱ってしまうと、上司と部下の人間関係は良い方向にはいきません。

ドライバーは言い訳もするでしょうし、人のせいにもしたがるでしょう。そこは大きな心で受け止め、**ドライバーを可能な限り「プラス評価」しながら、ヒューマンエラー以外の事故要因を一緒に探し出します**。

そのうえで、ドライバー自身が「自分にも落ち度があった」と認める心が芽生えれば、後々必ず効果が出るはずです。大きな目標を達成するためには、ドライバーへの正しい評価が不可欠なのです。

4 ステップ3・4 モデル人材を決める、リーダードライバーの選出

プロ集団をつくるためには、見本となる人材を育てることが近道ですが、中小零細事業者は、教育専任者もいませんし、教育に注ぐ時間も限られます。そこで、まずは**見本となる1人のモデル人材を育成する**ことをおすすめするのです。

この見本となる「リーダードライバー」とは、運送事業者が抱えるさまざまな問題を一気に解決し、会社丸ごと進化させるほどの活躍が期待できる人材です。実際に、私の会社にもスーパードライバーが育ちましたので、事例も交えながら紹介していきます。

まず大切なのは、「**人選**」です。リーダードライバーの育成には時間がかかりますが、それを待っていては、プロ集団をつくり上げるまでとてつもなく時間がかかってしまいます。リーダードライバーの育成とプロ集団づくりは同時進行で行なっていきます。人選のポイントは次の3つです。

- **3つの力をバランス良く持ち合わせるプロドライバーになれる素材の持ち主**
- **リーダーシップを持つ者（163ページ下表参照）**
- **将来の幹部候補（営業所長や教育責任者）となれる者**

あえて3つ目の要素を入れたのは、ドライバーの中には、生涯ドライバーでいたいという人がいるからです。最終的には、幹部に登用することも視野に入れて人選をしておいたほうがよいと思います。

そんな良い人材が社内にいない。いればとっくにそうしてる。そんな声が聞こえてきそうです。しかし、それは、発掘ができていないだけではないかと私は思います。

「あいつがそんな模範的な人材になれるはずがない」。そう決めつけている人材が他社に転職したら立派なドライバーに育っていたという体験はないでしょうか？　活躍できるフィールドさえ用意してやれば、スーパードライバーは、頭角を現わしていきます。

私の会社では、トラックドライバー・コンテストを人材育成の環境づくりのためのツールとしましたが、他にいくらでも方法はあると思います。たとえば、5章でお伝えしたような小集団活動から始めてみるのもいいと思います。荷締め講習会やタイヤチェーンの取扱い講習会、トラック整備講習会等で持ち回りの講師役に任命してみてください。意外な一面を見せるドライバーが必ず出てきます。これが発掘するためのアクションになります。発掘できたら、まずは会社の幹部で行なう安全会議や、営業会議などに参加させてみましょう。経営陣の考えていることや、会社側の立場を少しでも理解してもらえれば、それまで自分のことしか考えてこなかったドライバーも少しずつ意識が変わってきます。

次に行なうのが、**具体的な活動の開始**です。私の会社では、1カ月間から半年程度の期間、他の営業所に配属し、ドライバーのレベル調査を兼ねた研修をさせます。過去に5名のドライバーに実施してきました。営業拠点のない会社なら、他のドライバーの横乗りをさせることでもよいと思います。

研修中は、適時、感想文を書いてもらいます。それを社長まで回覧し、コメントを返してやると効果的です。そして、彼らの「気づき」に注目していきましょう。良い気づきに、会社は「即改善」という形で応えていくと、ドライバーたちの意識も変わり始めます。

具体的には、**前向きなドライバーの要望を聞いてやる**のです。「洗車ブラシを新調してほしい」というものから、「荷主にドライバーが安全に作業できる環境を整えてもらうように会社から提案してほしい」などというものまでいろいろ出てくると思います。これを即実現してやると、模範となるリーダードライバーは育っていきます。

私の会社では、荒くれ者をリーダーにして成果を上げたことがあります。荒くれ者は、「厄介者」と取られがちではありますが、大きなエネルギーを持ち合わせ、優れたリーダーになれる素質を持っている場合があります。

以前、私の会社にいたその荒くれ者は、サングラスをしたまま荷主の事務所に入って行き、「おい！　何を積めばいいんだ？」と荷主の担当者に迫るようなドライバーでした。脱サラして入社間もなかった私は、その光景を見たとき、転職を後悔したものでした。

しかし、いざ作業が始まると、彼はテキパキと積み込みをこなしていき、数台のトラックに的確に指示を出し、面倒な作業は自ら引き受け、なんと見事に現場を仕切ってしまったのです。プロの技を目の当たりにしました。

運転はうまいが荒い。事故も多いし、苦情の電話もたびたび入る。後輩の面倒見は良いが、気の合わない者は、たとえ先輩でもあっても容赦なく口答えする。仕事は速く正確、頭の回転も速い……。それもそのはず、33歳の彼は、元暴走族リーダーでした。リーダーシップを発揮し、場を仕切るのがうまい人材だと思いました。

入社して日も浅かった私ですが、当時の社長に、その荒くれ者をドライバーのリーダーに任命したいとの提言をしました。その頃から、プロ集団をつくるためには、優れたリーダーが必要だと知っていたからでした。

前社長は当然、「つけあがらせるだけ」「平等にやらないのではないか?」と荒くれ者に権限を与えることを渋りましたが、「最後は私が責任を取ります」という約束をし、納得してもらいました。私は、彼に対して「リーダーとして評価するのは、私でも、社長でも部下でもない。大事なのは荷主の声、評価だよ。荷主に変わったと言われるくらいになってくれ」と、言いました。

最初は、肩書きに負けていた部分もありましたが、新リーダーは徐々に頭角を現わしていきました。もともとプロの技を持っているドライバーです。後輩に気遣い、信頼関係を築き、先輩社員には対話することで打ち解けていきました。

また、遅刻や無断欠勤、そして、事故やクレームも見事になくなりました。しかも、その荒くれ者だけではなく、**全ドライバーの問題が一気になくなった**のです。

ある日、荷主から呼び出され、「彼、変わってきたよ」の一言を受けました。そして、2年後には、荷主も絶賛するほどの模範的なリーダードライバーに成長してくれました。問題児が模範ドライバーに転身したことで、会社の空気もピリッと締まっていきました。

彼は、プロ集団をつくるノウハウという大きな財産を会社に残して、巣立って行きましたが、今では、一人の経営者に成長して頑張っていると人づてに聞いています。

1人のスーパードライバー育成で、会社が丸ごと進化する

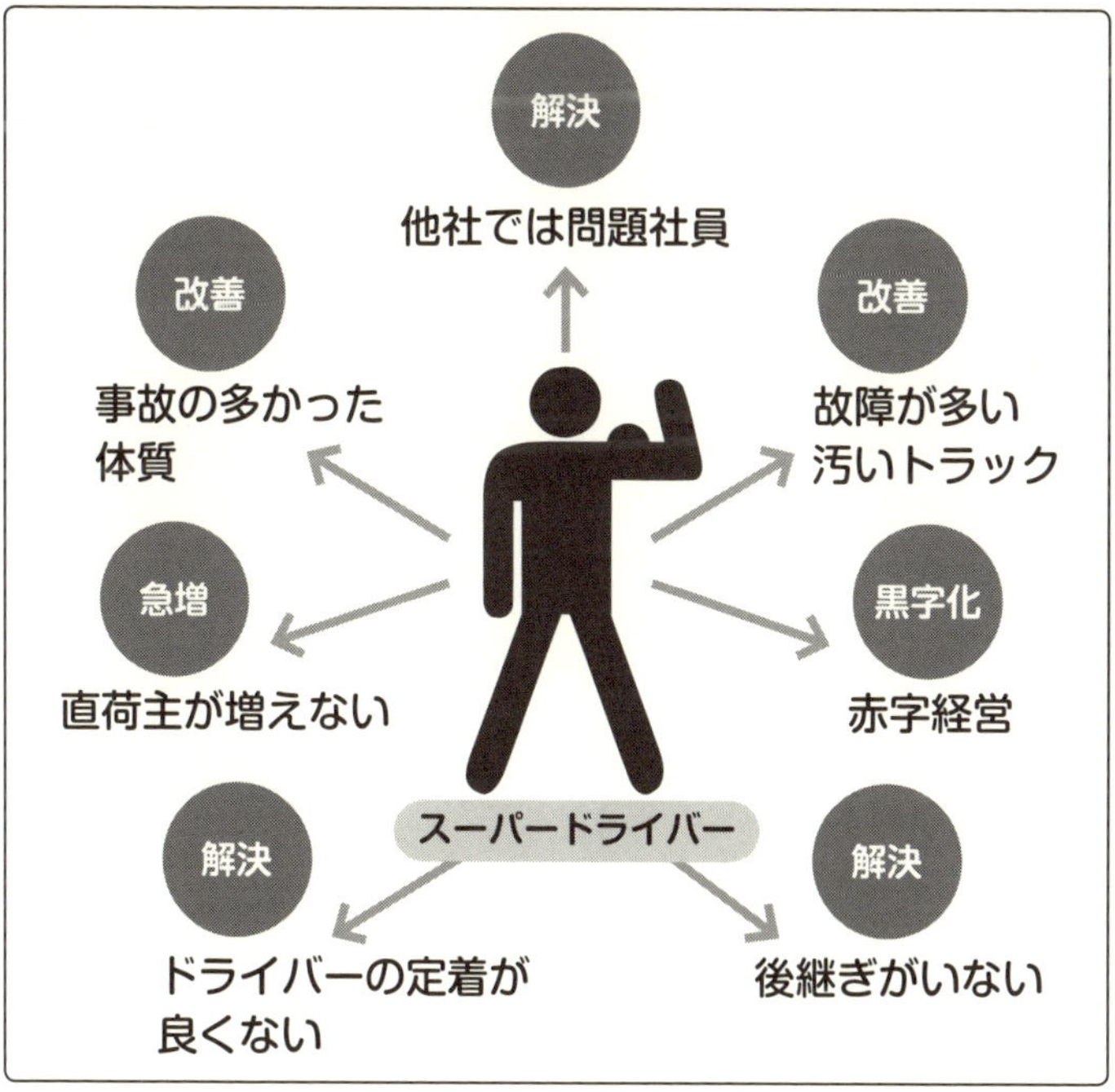

リーダードライバーに任命すべき人物像

○仲間のドライバーの不満や苦言を自分の言葉で上司（社長）に提言できる者
○会社の利益も念頭に置いたうえで要求をする者
○決められたルールを愚直に守ろうとする者
○愛社精神がある者

×仲間の告げ口をしたり、人を使って会社に意見しようとする者
×個人の利益ばかりを優先する者
×人が見ているところとそうでないところとで行動や動きに差がある者
×仕事が終わると会社にいない（会社の者との交わりを避ける）者

ステップ5

5 猶予期間の終了

リーダードライバーを会社が選出をし、会社全体の目標達成に突き進もうとした矢先に組織に不穏な空気が漂い始めます。なぜこの目標を掲げたのか、この目標を達成することがどんなことに繋がるのかについて、一斉教育で丁寧に伝えていきます。

しかし、実際は、なかなか順風満帆にはいきません。改革に水を差すような出来事も出始め、そろそろ**取り決めたルールや決まりを徹底して実施していく時期**です。

それまでの「やりましょう」「守りましょう」というゆるい雰囲気を一変させ、「やってもらわなくては困る」「これを守れなければ、他を探したほうがいい」という厳しい指導で、「猶予期間の終了」のタイミングとします。ここをズルズルと引き延ばすと、会社の改革は進みません。

一斉教育を数回行なうと、ドライバーからの不満や文句が出始めます。はっきり言葉にして言ってくるドライバーも中にはいるかもしれませんが、大抵は、事故やミスなどの形で現われます。

事故やミスは会社の状態を表わすバロメーターと言えます。ドライバーが生き生きとしている運送事業者には事故は起きにくいものです。ドライバーがある程度「納得」をして働いているからです。この納得できている状態が崩れると、たちまち現象として現われるのが、「事故やミス」なのです。

突然、事故が続くようになったら、職場に不平や不満が立ち込め始めていないかを疑ってみたほうがいいかもしれません。そこを見誤ると、次は有能なドライバーの退職という現象が起き始めてしまいます。特に、事故が断続的に続く場合や、今まで無事故で長年やってきた者が事故を起こし始めたら、「事故を起こすな」「注意力が散漫だ」「次、事故を起こしたら職を失うぞ」などと脅迫に近いような発言は慎むほうがよさそうです。

そのような場合は、直接の業務とは違うところに原因があることが多いです。たとえば、会社の経営が苦しいと嘆いておきながら、経営者が高級車に乗り換えたり、一方的な減給や、過度なペナルティ、経営者や幹部が人権を無視したような発言を公の場でしてしまう、などの覚えはないでしょうか？　不満の声がどこからか聞こえてくるはずです。

プロ集団をつくり上げるうえで、**組織の不平や不満は早期に感じ取り、素早く軌道を修**

正するようにしてください。事故やミスの背景には、ドライバーや作業員のミスではなく、会社や幹部側に問題があるということです。

会社が間違った手順で仕事をさせていたり、荷締めの方法や荷締め機の選定などのやり方を決めていなかったり、トラックの修理をするか否かの判断など、ドライバーや作業者に判断させるべきではないことを判断させているケースです。

こういったことを解消していくことも、プロ集団づくりの近道となる活動です。**「プロなんだから、経験と勘でやりすごせ」などと言っていては、団結力を維持できない時代**となってきていることを敏感に感じ取ることも、運送事業者として、成功する条件となるのです。

ドライバーの不平・不満、文句が出ず、ドライバーが主体でプロ集団をつくるノウハウとしては、**数人のドライバーがライバル心を持って競い合う環境をつくり上げる**ことです。一斉教育だけでは解決できない、ドライバーのやる気に火をつける働きかけです。

私の会社からドラコンで11名の県大会入賞者（うち8名が全国大会出場者）が出たのも、このライバル心が大きく作用している効果です。教育訓練として「選抜ドライバー合宿」というものを開いています。県大会の直前に入賞候補選手はもちろん、興味を持ち始めたと数人の新人ドライバーを選抜し、２日間の合宿を企画しています。入賞候補選手は日頃からライバル心を持っていますし、選ばれた新人ドライバーもプライドをくすぐられ、良い刺激を受けるようです。これは、合宿という特別な機会ですが、日常の中でもこういったライバル心を煽るような働きかけをしています。

そのうえで、「猶予期間の終了を宣言する」ということです。ステップ1で大目標を宣言し、ステップ4でリーダードライバーを決め、リーダードライバーをモデルとした一斉教育を数回行なっていきます。ここまでは、助走期間のような位置づけですので、明確な罰則（ペナルティ）や営業所長へのノルマなどは加えず、ノビノビとやらせる時期を意図的につくっていきます。

効果が明確に出ていればよいのですが、次に示すような諸施策の効果が上がらないケースが出てきます。諸施策とは、私の会社で言えば、「5年で事故を半減させる」という目標のもとで、①フォークリフト操作時の指差し確認や、②重要作業ルール20項目の遵守、③営業所単位の100日連続無事故達成活動などです。

これらを徹底させるうえでの猶予期間終了の宣言をするのです。宣言後は、ペナルティを明示し、実施することになります。これをいきなり行なうとドライバーからの不平・不満が先にも述べたような事故やミスという形で出てしまうから避けてきたのです。

6 ステップ6・7
ペナルティの明示と実施

ステップ5で猶予期間の終了を宣言しました。ここでとても大事なのが、「今後は、ペナルティを明示し、実施しますよ」という宣言だけでは、まず間違いなく、ドライバーのやる気がなくなるということです。

私は、賞賛されるべき賞を設けるならば、それに反した罰則もなくては組織の秩序は保たれないという考えを持っています。しかし、これは運転免許証の罰則とは違います。運転免許の罰則は、基本的に「法令やルールが守れない人は、運転をすることを認めません」「違反者はまずは罰則として罰金を納めてください。それが嫌なら運転免許を返納してください」というようなものです。少なくとも、営利集団である企業の賞罰とは考え方が違います。

会社の賞罰は、やる気に繋がるものにしないと単なる締めつけとなってしまいます。

私の会社では、賞罰の基準が曖昧という企業文化が根づいていました。

現在も完全に克服できたとは言い切れませんが、企業努力で克服しようとしています。

賞罰の「賞」については、トラックドライバー・コンテストで優秀な成績を収めた者、連続無事故表彰、年間優秀営業所賞、年間ベストドライバー賞、社長賞等、多岐にわたり表彰をしてきました。

しかし、賞罰の「罰」、いわゆる罰則規定については、とても曖昧で、発生した事故やルールを守らなかったこと、その結果起きたミス・クレームに対して甘い裁定を下すことが多かったのです。それでもいいじゃないか、という意見もあるとは思いますが、社内、社外を問わずルールに対して厳しさに欠けているし、逆にルールをきちんと守る者に対する評価基準も適当であると分析しています。

これは、**労使関係を良好にすることにも直結してくる**ことだと思います。ルールの取り決めが曖昧だと、管理者の裁量や、管理者と部下との相性によって賞罰が決められ、ドライバーは不公平さに不満を持ち、労使の関係悪化に発展してしまう事例が多かったのです。

そこで、私の会社では、「重要作業ルール20項目」を設けることにしたのです（173ページ参照）。

たとえば、「一旦停止はタイヤを1秒以上止める」というルールがあります。国土交通大臣賞の栄冠に輝いた倉本はドライバーに以下のように指導しています。

「目的は、タイヤを止めることではない。タイヤを止めて、確実に安全確認を行なうことが最大の目的です。車両が完全に停止すれば、歩行者は進路を譲ってもらえたと思い、車両の前方を横切るかもしれない。また、後続車やバイクなどが追い抜こうと、左右後方よりすり抜けてくるかもしれない。当然、一時停止の標識は、必要だから設置してあるので、左右の確認は必須です。こういった一連の確認をしようと思えば、「1秒」では足らないくらいの時間が必要なはずです」

このルールは、それぞれ、ただ守ればいいというものではありません。それぞれに目的があるし、過去の事故の教訓的な項目もあります。上辺だけのものとして解釈し、目的を理解しないまま強要しても全く効果はないのです。

倉本のように、これらの手順の意味を管理者はきちんと教えなければ、ただの〝動作〟で終わってしまいます。

さて、本題に戻ります。当社は、2000年にISO9001の認証取得をしました。このISOを維持すること自体に大きな意義は正直感じていません。維持することよりも、ISOの考え方、特に内部品質監査の考え方が応用できます。

「あなたの作業は、重要作業ルールの第〇項目について、不適合である」というものです。

明確にどのルールに対してどの程度、不適合であるかという基準をきちんと示してやることが重要です。明確な規定やルールがないにもかかわらず、管理側がドライバーに対し、叱責したり、時に感情的になり、注意をすることは労使関係の歪みを引き起こす原因となります。

つい先日、こんな出来事がありました。

あるベテランのドライバーが所長から、予定していた運行の中止を言い渡されました。私は、険悪な雰囲気が漂う点呼場に「異常」な空気を感じ取りました。双方から事情を聞いたところ、所長が見回りで荷主の積み込みに出向いたところ、輪留めをしていないことを発見してしまったのだそうです。

ドライバーにも言い分はあったようですが、所長は重要作業ルール20項目の7、「輪留めは後方左のタイヤに行なう」というルールに対し、規定とは違うタイヤにしている場合は「ルール7に対する軽微な違反とする」が、輪留めそのものをしていないということに対し、「ルール7に対する重大な違反とする」という判断を下したのです。

所長の言い分は「重大なルール違反を犯したドライバーに、以後の乗務をさせるわけにはいかない」というものでした。

一見、厳しい判断とも思われがちですが、重大な過失と定義された項目と認められる以上、厳罰はやむを得ないと私も認めざるを得なかったのです。この判断は明確な規定、ルールがあってこそ下せる判断です。このベテランドライバーも受け入れざるを得ませんでした。

しかし、こういった一連の働きかけが単なる「追い込み」あるいは「強迫観念」になっては全く意味がありません。根底にあるのは、「育てたい」という強い気持ちと、ついつい甘やかしてしまう気持ちとの葛藤です。

もちろん、**信頼が根底にあって、初めて成り立つのが育成**です。ここは勘違いのないように強調しておきたいところです。

重要作業ルール20項目

1	フォークリフト作業の指差し確認は、確認箇所を指して「よし！」の呼称を行なう
2	フォークリフトでの製品の積み下ろしの作業は二度すくいを行なう
3	フォークリフトの走行はバック走行を基本とする
4	製品は必ず、バックレストに当てチルトアップを行なう
5	フォークリフト操作はリフトアップダウン、チルトアップダウンと同時に走行・旋回をしない
6	夜間作業では重量物の２列の作業は禁止し１列ずつ下ろすこと（奥側が確認できる状態にする）
7	車両の輪留めの位置は、左側後輪にはめること
8	工場内では、指定速度を守る
9	一旦停止は、タイヤを１秒以上停止させる
10	駐車、作業の際は、キャッチをはめ、ミラーの格納を行なう
11	荷下ろし、荷積みの作業の際は、煽りは、同時に両側の開放をしない
12	ウイングを開閉するときは上方向の確認と、横を通過する車両の有無を確認してから段階的に開閉すること
13	車両の後退は、バック手順書に従う
14	事故（交通事故、製品事故）の発生時はその場から報告を行なう
15	車両停止する際は、車間距離を取る（目安として運転席から停止線及び前車のナンバープレートが目視できる位置とする）
16	すれ違い時は、自車は動かず、相手車両を優先とする
17	乗車前には車両を周りの点検をすること（上部を含む）
18	走行時の携帯電話の使用を行なわない。イヤホン可（通話、メールなど）
19	延着の恐れがある場合は、その時点で報告する
20	右左折時の合図（ウインカー）は30メートル手前で、進路変更の合図は３秒前に行なう

7 営業所評価と表彰（営業所別、個人別）

ステップ8・9・10

5章でプロ予備軍の育成法について述べました。はたして、これらの予備軍をプロ化することがプロドライバー集団づくりの仕上げになるのでしょうか？　結論から言いますと、私は仕上げにはならないと思っています。**個同士の結びつき方こそが、プロ集団の仕上げのポイント**だと思います。

優れた個の集まりだけが強い組織ではありません。大手運送事業者のように豊富な人材は中小運送事業者にはおりませんので、「総合力」で勝てばいいのです。

本章は「個性を最大限に活かすプロ集団のつくり方」がタイトルとなっています。ドライバーの個性を最大限に活かす組織をつくるためには、「評価」がポイントとなってきます。そのためには、2つの視点からの評価が必要になります。**1つは組織単位（営業所やグループ別）の評価、もう1つがドライバー個人の評価**ということになります。

なお、評価という言い方をするとどうしても評価される側もする側も構えてしまいますが、「認める」に近いニュアンスだと思っています。ドライバーは、認めることで仕事に力が入っていきますし、期待に応えようと努力してくれると思います。

具体的な評価手法は、177ページのような評価表を実際に使っています。半年に一度、賞与の際に営業所長が評価した後、社長が評価し、社長評価は3倍にして得点化します。

これ以外に、営業所単位の無事故記録への貢献度と個人記録日数を重視する評価をし、毎年5月に行なわれる社内ドラコンの成績を考慮した後、賞与額が決まります。トップドライバーには、「君がトップだったよ」と告げます。

賞与の支払日の数日前から、「うちは、実力主義で皆さんを評価していますので、新人でもベテランでも、平等に半年単位で評定します。評価の高い順に賞与額が決まります。次の半年は、トップドライバーになれるように頑張ってください」と説明します。

最初はベテランに反発を買うかと心配しましたが、私の会社では、意外とすんなりと浸透していきました。所長も親心で過大評価をする傾向がありましたが、都度、私が評価の根拠を聞くようにしていますので、今は正当な評価をするように癖づけられました。

私も適当な評価をするわけにはいきませんので、日頃からドライバーの働きぶりを、メモに残し、振り返るようにしています。また、営業所長も部下に高い評価ができるように、指導もしてくれているようです。

また、営業所評価としては、半年に一度（年2回）の別表賞与時の評定の平均点（従業員1人あたり）と、ナルキュウカップの営業所成績、事故やクレームの発生状況（対前年比）、売上の推移や損益の状況、従業員の定着度などを総合的に加味し、「最優秀営業所賞」を選んでいます。

正当に評価することがプロ集団づくりの仕上げとなるかは、個性を活かすプロドライバー集団という認識ができているかどうかにかかっています。

評価の指標は随時改変し、公表しています。**どのようなプロドライバー集団を目指すかを会社が示す指標**にもなりますので、時間をかけながら、少しずつ完成度を高めていくとよいでしょう。

私の会社にとっては、2012年にキックオフをした、「5年で事故半減させる」という宣言を2017年に達成するために、この10のステップに乗せ、進めていかなくてはなりません。この方法でドラコンを成功させた実績はありますが、組織を観察し、常に改良を加えながら進めていくことが成功へのカギとなりそうです。

評価表（例）

		Aさん	
	項目（乗務員）	営業所長	社長
1	社内外で「挨拶」「服装」「マナー」ができている	8	7
2	急な欠勤、遅刻はない	10	9
3	事故、トラブル、クレーム、誤配はない	10	9
4	職場、車両の清掃、洗車を実施している	8	9
5	常に会社から連絡が取れるようにしている	7	7
6	他人の仕事に協力をし、チームワークを考えている	5	5
7	会社の行事や職場ミーティングに必ず出席をしている	6	6
8	社内ルールを厳守している（指差し確認等）	9	8
9	ナルキュウカップの営業所内順位は努力している	10	9
10	毎日「日報（報告）」「伝票」等を正しく記入提出している	8	9
		81	234
		315	

8 プロ集団をつくるために必要なのは経営者の強い決意

どの運送事業者においても、日々の目の前の業務に追われ、育成や教育を後回しにしてしまうということは少なからずあると思います。

プロドライバーを育てるためには、トップの強い意識が必要と考えます。

せっかくここまで育ててきたのに……とか、これくらい目をつむってやるか……とか、現場が回らなくなるから……とか、そんなことを言って妥協を繰り返しているようでは、プロドライバーを育成することはもちろん、本章でお伝えした「プロ集団」はつくることはできないと断言します。

トップが妥協をすれば、組織に甘えの構造を作り出し、秩序は乱れ、質の悪い人材が残り、良い人材は少しずつ去っていきます。

私も、何度も経験してきましたが、そのたびに、決意を曲げずにやっていけば、絶対に事態は好転すると自分に言い聞かせながら、プロドライバーを育ててきました。

我われの業界において、曲げてはならない決意を181ページに掲げました。

特に強調したいのは、⑦の人材が入れ替わることをマイナスに捉えない決意です。ドライバーは、「ハンドル握るならどの会社でも同じ」と、簡単に転職を繰り返します。「転職」というよりは「転社」です。隣の芝は青く見えますし、面白くないことがあったり、些細なトラブルがあったりすると、彼らはすぐに「退職」を口にします。

私は、どんなに良い人材であっても、「辞める」と宣言した者は絶対に引き止めません。管理職が、「今、社長が止めれば考え直しますので、お願いします」と直訴しにやってきたりしますが、一度として引き止めたことはありません。もちろん、涙が出るくらい惜しい人材も多くいましたが、去って行く者を追った時点で、さまざまな妥協をしなくてはならなくなるのです。悪しき前例は統率力を弱めてしまいます。

良い人材を送り出した後に入社してくるドライバーには、より思いが入っていきます。「君を育て上げて、全体の底上げに繋げるのだ」と期待を寄せます。そして、彼らはきちんと期待に応えてくれ、さらに組織が活性化していきます。

欠員をマイナスに考えると、そこから教訓は生まれません。補充の採用が組織を活性化させるのだと考えることで、組織はもっと成長していくのです。

人材の入れ替わりは本来歓迎されることではありませんが、**変化を怖がっていては、組織は活性化できません**。人の入れ替え＝「変化」です。変化の中で人は多くのことを学ぶのです。

以前、トラック協会主催の米国物流視察団に参加しました。そのとき、私が最も感銘を受けたのが、インターステイト・ディストリビューター社（ＩＳＤ社）でした。ＣＥＯのジョージは言いました。「変化を恐れるな。変化こそが会社を成長させる」と。私は翌年、経営陣、管理職６名を引き連れ、このＩＳＤ社を訪れました。トップである私が抱く「物流会社の理想像」を見せるため、米国タコマ市（シアトルの隣）まで、生きた人材教育を実感させに行ったのです。

私は６名に、「このＩＳＤ社こそが、私が目指す会社そのものです。言葉では伝えることができないことが、目、耳、肌で感じることができます」とＩＳＤ社に出向き、３名の役員とジョージＣＥＯの心温まる対応を体感してきました。

人は変化を本能的に嫌います。新しい考え方や取り組みを導入すると反発が生まれます。当然のことです。しかし、この反発に屈していては、会社の大きい成長は困難となります。

会社のさらなる成長のため、経営陣は「変化」を恐れず、チャンスに変えていかねばなりません。

プロ集団をつくるためには必要なのは、経営者の強い決意

8つの決意

①安全第一
②コンプライアンス
③隠ぺいを許さない
④教育への投資
⑤ルールの徹底
⑥ドライバーの中から将来の幹部発掘
⑦人材の入れ替わりはマイナスではない
⑧ドライバーの経歴は参考程度にする

POINT!

プロドライバーの育成
＝運送事業者の大切な事業。
忙しさの中、後回しにしていませんか？

COLUMN

女子事務員の気持ちの良い挨拶

運送業界では、女性ドライバーが活躍の場がだんだんと広がっていますが、それでもまだ全ドライバーの１％にも満たない状態です。そういった意味では、まだまだ男の世界です。そんな男の世界に欠かせないのが、むしろ女性事務員の存在です。

ドライバーをマネジメントしていく上で、ドライバーからの連絡や荷主からの指示を取り次ぐことの多い女性事務員。ただでさえ扱いの難しいドライバーに無理な要望を告げることもありますし、時には延々とドライバーの愚痴を聞かされることもあります。

私は、彼女たちにいつも助けられています。その秘訣は、どうやら「挨拶」にあるようです。

挨拶と言っても、「お帰りなさい」「お疲れさま」「行ってらっしゃい」「気をつけてね」のような簡単なものですが、女性事務員たちは、ドライバーそれぞれの個性や特徴を瞬時に見抜いています。「今日はご機嫌みたい」「何か面白くないことでもあったみたい」「疲れているみたい」「風邪気味だった」など、ドライバーのことを本当によく見てくれています。薬を飲もうとするとサッと気がつき、水をコップに用意してくれたり、休憩室の室温に気を配ったり。ドライバーが休憩室に持ち込むマイカップを覚えてくれ、お茶を入れてくれたり。男性では到底できない気配りをしてくれます。

運送会社に初めて勤務することになった女性事務員には、「『行ってらっしゃい』『お帰りなさい』に心を込めて、大きな声で言ってあげてくださいね」と教育してください。そうすると、ドライバーも自然と「行ってきます」「ただいま帰りました」と言ってくれるようになります。こうしたことを重視しない会社は、ドライバーも黙って帰ってきたり、知らない間にトラックで出て行ってしまったり、統率が取りづらくなります。女性事務員は、ドライバーに気分良く仕事をしてもらうために欠かせない存在なのです。

7章
顧客満足度を大幅にアップする「セールスドライバー」の育て方

1 セールスドライバーを育てよう

2章でプロドライバーに必要な3つの力を紹介し、その1つが営業力と説明しました。その営業力を持つドライバー、すなわち「セールスドライバー」こそ、真のプロドライバーだと考えます。

セールスドライバーを育成することで、毎日のように荷主と接点を持つドライバーが最高の営業マンになってくれます。

そもそもセールスドライバーとは、ものを売るドライバーという意味ではありません。この呼称の起源は、恐らく、宅配便サービスが始まったときだと思います。当時は、個人のお宅に荷物を届けるのは郵便局の小包が主流で、運送会社のドライバーの仕事ではありませんでした。

宅配便サービスを始めるにあたり懸念されたのが、ドライバーの接客力でした。挨拶がきちんとでき、身だしなみや言葉遣いを教育する必要がありました。訓練によりそういった接客ができるドライバーを「セールスドライバー」と呼ぶようにしたのです。

接客能力の高いドライバーは、ライバルとの荷物獲得競争においても重宝されました。荷物の獲得件数による歩合制となってからは、やる気のあるドライバーは必死になって配達、集荷作業の合間を縫って、荷主獲得営業をしました。

現在、私は、セールスドライバーは**荷主との良好な信頼関係のもとに、荷物を獲得できるドライバーの総称**と認識して、ドライバーを育てています。

セールスドライバーは、自分のことを単なるドライバーとは思っていません。運転業務は全体の中の一部であると捉えており、荷主のかゆいところに手の届くサービスをするという意識を持ち合わせています。

ここでは、荷主から絶大な信頼を受け、荷主に訪問するたびに「素晴らしいドライバー」と絶賛を受けるドライバーの共通点をお伝えします。

その共通点とは、荷主同様、あるときは荷主以上に「荷受人」を重視する姿勢です。**荷主にとって大切な取引先、得意先である荷受人に高い評価を受けるサービスを提供することが荷主の心を射止める秘訣**です。

たとえば、荷受人先では敷地内のゴミを自らの意思で拾い、拾い上げたゴミは車内に持ち帰ります。他の運送事業者は荷台の積み込み前や荷下ろし後に、荷台の掃除をし、平然と荷受人の敷地にゴミを掃き捨てていきます。それとは逆に、ナルキュウのドライバーは、掃除用のほうきとちり取りを常備し、そのゴミを拾い上げ、持ち帰るようにしているのです（詳しくは、２０６ページ）。

もちろん彼らは、荷主からの評価を上げるためだけに、荷受人へのサービスするわけではありませんが、このような光景は、荷受人は見てくれています。

また、荷主への受け答えの仕方も、セールスドライバーの特長です。普段は、寡黙かつ手際よく運送作業をこなしていますが、途中で荷主や荷受人から声をかけられると、必ず笑顔で走っていきます。

多くの荷主や荷受人が信頼感を抱き、親しみを持ってコミュニケーションを取ってくれますが、セールスドライバーは馴れ馴れしい言葉遣いはせず、しっかりとした敬語で話します。

ドライバーは立派にセールス（営業活動）ができる。これが私のドライバーに対する考えの礎です。ドライバーほどたくさん情報を集めるのに適している仕事はありません。ドライバーが集めてきた情報を精査し、社長や経営幹部がトップセールスをすれば、効率良く新規の仕事が獲得することができます。

また、単に情報を集めればいいというわけではなく、重要なのは**「情報の新鮮さと正確性」**です。情報は新鮮で、的を射たものでなくては使い物になりません。

新鮮で的を射た情報を集めてこられるセールスドライバーを育成するためには、繰り返し情報を引き出し、聞き出すための問いかけをしてやることです。聞いてもらえる、自分の情報をあてにしてくれるということが、セールスドライバーにとってのやりがいになります。私の会社では、その新鮮な情報を聞き漏らさないためにも、ドライバーの運転日報に、営業情報を書きとめられる欄を設けてあります。

運送事業者は、セールスドライバーを育成することで**営業マンいらずで売上を拡大する体制を手に入れることができます**。新人教育時に「あなたはただのドライバーじゃない。セールスドライバーなんだ」と意識づけするだけでも、効果は出てきます。

2 運転日報を活用して、売上アップに結びつく情報を得る

運送事業者の経営者や管理者にとって、特に必要な情報は、荷主担当者の昇進や転勤、配置転換の情報などです。いち早くこのような情報を入手してくるのが、毎日荷主への出入りをするドライバーなのです。

ドライバーは実に多くの情報を持っています。また、聞いてもらいたいという願望も人一倍持っています。しかし、話を直に聞き出せば、1日で最も忙しい夕刻時の混乱に拍車がかかってしまいます。そこで、**「日報」の活用**をおすすめします。

元来、ドライバーはモノを書くことが苦手な人が多いので、習慣化させる工夫が必要です。私の会社では、ドライバー自身のその日の稼ぎを自己申告するポイント集計表を活用しています。このポイント集計表にドライバー自らが記入をしないと稼ぎが確定されません（ポイント給制については9章3項）。

そのポイント集計表の中にコメント欄を設けるのです。このコメント欄に、重要な営業

情報が詰まっていることが少なくありません。「取引先にライバル会社が営業に来た」などという情報は、気の利いたドライバーなら真っ先に教えてくれます。

他には、見積案件を持って来るようなドライバーもいます。また、同業他社の運賃額を担当者から聞き出してきたり、先の運行の予定を聞き出してくるドライバーもいます。「来週、東京行きが5車まとめて、出荷されるらしいよ」などという事前情報は確実に食らいつき、荷主担当者に電話をし、当社に任せてもらいたい旨を伝えることで、受注確率は高くなります。

いずれにしても、ドライバーの情報は非常に価値があります。情報の正確さは上長が推し量る必要はありますが、情報が欲しいという姿勢をドライバーに示していきましょう。

文章化してもらうメリットは、回覧ができるという点です。会話だけだとドライバーと上長との間のやり取りに止まってしまうということと、顔を合わせなかったときは情報入手の機会を逸することになってしまうからです。

私自身は、**日報に書いてくれた情報に対する反応を、なるべく早い段階でドライバーに直接伝えるように心がけています。**

細かい情報を荷主先で話題にすると、「社長の耳にこんなに早く伝わっているんですね」

と感心されることもあります。このドライバーとの情報のキャッチボールがセールスドライバーとして進化をする原動力になっています。日頃から、ドライバーとのコミュニケーションを大事にしましょう。

ただし、先にも述べたように、いくら早い情報でも正確でなければ意味がありません。間違った情報を鵜呑みにすると、物事の判断を誤ることになり、大きな損失を被ることに繋がります。

まずは情報の出所をきちんと確認することです。「誰から聞いたの？」「みんな知っているの？」「どうやって聞き出したの？」「誰に聞けば、もっと詳しく教えてくれそう？」といったような問いかけをするクセをつけましょう。ここまで確認すれば、ドライバーもいい加減な情報は言いません。

運送事業者は、ドライバーが運んできてくれる新鮮な情報にアンテナを張っておかなくてはなりません。

そのためには、「聞く姿勢」を持つことが何より大事です。時には、既に知っていることもあるかもしれないし、誤報もあるかもしれない。話し好きのドライバーに毎回付き合

日報に書いてくれた情報には素早く反応しよう

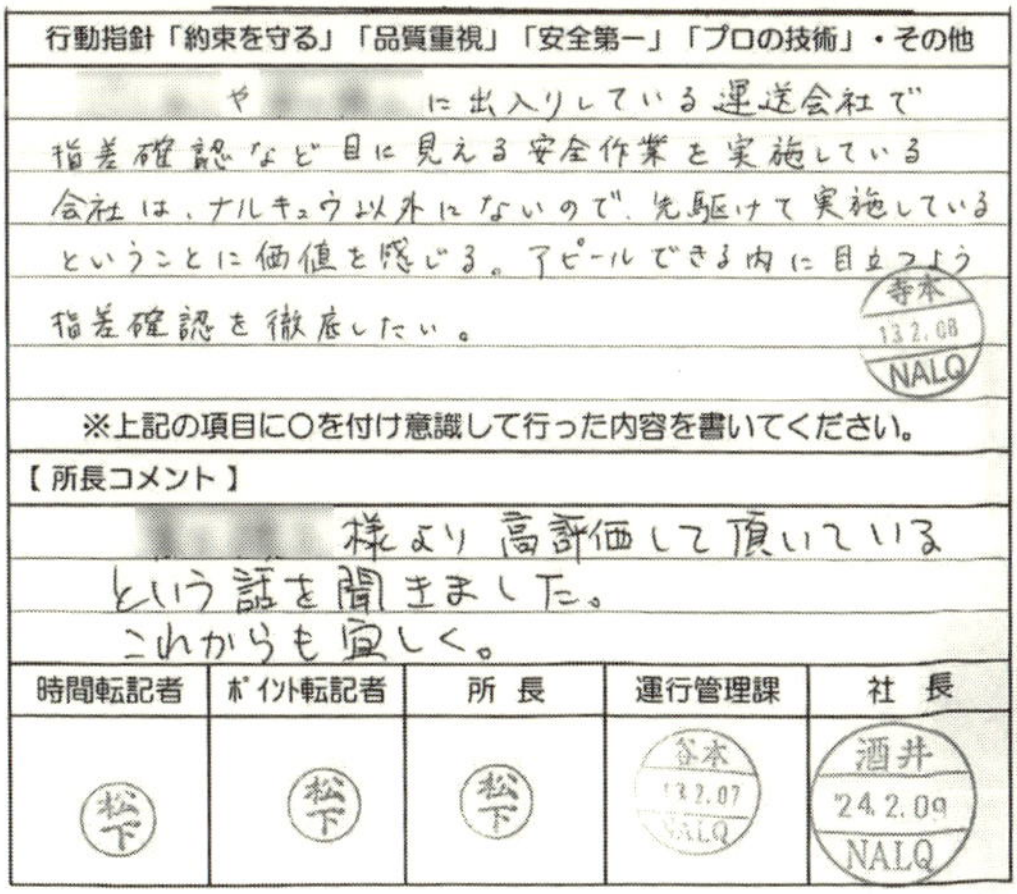

行動指針「約束を守る」「品質重視」「安全第一」「プロの技術」・その他

[redacted]や[redacted]に出入りしている運送会社で指差確認など目に見える安全作業を実施している会社は、ナルキュウ以外にないので、先駆けて実施しているということに価値を感じる。アピールできる内に目立つよう指差確認を徹底したい。

寺本 13.2.08 NALQ

※上記の項目に○を付け意識して行った内容を書いてください。

【所長コメント】

[redacted]様より高評価して頂いているという話を聞きました。これからも宜しく。

時間転記者	ポイント転記者	所長	運行管理課	社長
松下	松下	松下	谷本 13.2.07 NALQ	酒井 '24.2.09 NALQ

っていられないかもしれない。それでも、「重要な情報をありがとう」と、必ず一言添えてください。

また、情報を集める秘訣の1つは、自らも情報を開示するということです。私は極力ドライバーに自分の持っている情報を開示するように努めております。

3 セールスドライバーからの情報で得た教訓

当社が創業当時から40年以上も取引をしていただいていた老舗企業が「倒産危機」だという話を、ドライバーから聞いたことがありました。寝耳に水とは、まさにこういうことです。その2年前に、周年記念の社員旅行（北海道）に突然欠員が出たということで、私を招待してくれた会社でした。

倒産の原因は、販売量の急激な落ち込みで親会社が再建をあきらめたことでした。メガバンクとの直接取引をされていましたが、そのメガバンクが吸収合併されたことで、販売量が半減以下となったというのです。

荷主の下請や販売先と顔なじみのドライバーですから、悪い噂はすぐに伝わってきます。「近々、経営陣が大幅な運賃の値下げの申し入れをしに来るとのことです」と、そのドライバーは情報を教えてくれました。

私が「誰からの情報なんだ？」と聞くと、「経理担当の古参社員〇〇さんです」とドライバーは答えました。間違いのない情報のようでした。

数日後、その荷主の専務から電話があり、相談したいことがあるので時間を取ってもらいたいとの申し入れがありました。ある程度のことは容認しなくてはならないと覚悟をし、交渉に臨みましたが、荷主の要求は想定外のものでした。

「今の運賃を3割値引いてほしい」。即答しかねる条件提示でした。当時は私も若く、恩ある荷主の切実な要望に首を縦に振ることができませんでした。残念ながら、その老舗企業は、まもなく倒産してしまいました。

このことを思い出させられる出来事が半年ほど前にありました。取引が始まって数年の成長著しい荷主がいたのですが、ライバル関係にある運送事業者にどうしても勝てません。好条件の提案をしても通りません。

一体なぜなのか、その理由をドライバーを通じて荷主担当者に聞き、私は納得しました。その荷主が転注をしないのは、過去にその荷主が経営危機に陥り、運賃の値下げを申し入れたとき、そのライバルである運送事業者は、「しばらくは無償で運ばせていただきます。また調子が良くなったら、稼がせてください」と言ったそうなのです。

それを聞き、私は「簡単には勝てない」と悟りました。私は同じ場面で、3割の値引きさえ快諾できなかった自分を恥じました。

④ 顧客満足度をアップさせるセールスドライバーの起用法

顧客満足度調査では、なかなか本音を言っていただけないものです。特にドライバーとは毎日顔を合わせるので、関係悪化を懸念されるためか、顧客の本音を聞き出すのは簡単なことではではありません。

しかし、近頃は荷主も、「あの挨拶ができないドライバーさん、うちには出入りしてもらいたくないな」「伝票を大事にしないいし、積み間違いもした。次、同じことがあったら、ドライバーを交代してもらうよ」と、運送業者に対してはっきりとした態度を示してくるようになりました。

それらとは逆に、「○○さん以外が来るのなら、うちもナルキュウさんでないといけないわけではなくなる」とドライバーを指名する荷主もいらっしゃいます。

いずれにせよ、**運送業は、人（ドライバー）に委ねられる部分がほとんど**です。

たまに「おたくが持っている車両が特殊だから」とか、「倉庫を近くに持っているから」

というような設備・環境面からのリクエストもありますが、意見・要望のほとんどがドライバーの品質に関するものです。

それでは、どのように顧客満足度アップをすればいいのでしょうか?

先程も記しましたが、ほとんどの荷主は、今後のドライバーとの日々の人間関係を考え、本当の評価はなかなか口にしてくれません。

セールスドライバーは単に「情報集め」をすることだけが役割ではありません。日々の荷の動きや荷主の製品の特性まで熟知したドライバーだからこそできることがあります。それは、**荷主への物流改善提案**です。これは、荷主目線で日々の業務を見るという、セールスドライバーならではのサービス精神がないとできないことです。

セールスドライバーは、「ここを変えれば、荷の流れがスムーズになる」「自分が少し工夫をすれば、無駄なコストが削減できる」など、改善のアイデアを持っています。そこを運送事業者の営業担当が、聞き出し、荷主に正式に提案するのです。

荷主は、納品先である得意先の様子は大まかにしか理解できないため、日々出入りをしているドライバーの情報は貴重なものとなります。納品先のレイアウトが変わった、荷納入の手順に変更点があった、新しい生産ラインが出来上がった、生産計画の変更があった、量産品のラインが新工場に移動することになった……など、荷主にとって得意先の情報は、販売戦略に大きな影響を及ぼします。そういった情報をもとに練られた改善提案を持っていけば、ライバルと大きく差がつけられます。

こうした活動は、顧客満足度調査ができない荷主には絶大な効果があります。

実際にあった改善提案を紹介します。これは、ドライバーからの情報をもとに荷主に提言した案が採用された実例です。

トヨタ系のある3次下請の荷主からの製品を、2次下請のサプライヤーに納品するドライバーから、次のような提言がありました。「トヨタ系の工場はカンバン納品なので、下ろす順番がバラバラにパレットに積んであると、構内でモタモタしてしまい、迷惑をかけてしまう。パレット積みの組み替えをしてから、納品させてもらっていいですか?」という内容でした。

そこで、荷主に正式に承諾をもらったうえでドライバーが組み替えをし、納品することになりました。この対応を実施し始めて間もなく、荷主から呼び出されました。

「ナルキュウさんの納品の仕方にサプライヤーが感心をされて、担当者からお褒めの電話をいただいたよ。ありがとう」というものでした。普段の半分ほどの時間で納品を手際良くこなすドライバーにサプライヤーの担当者が声をかけてくれたようです。

荷主にとって得意先であるサプライヤーからの高い評価は、願ってもないことです。ドライバーの改善活動が顧客満足度アップに繋がった瞬間でした。

この提案がきっかけとなり、今ではこのサプライヤーに納品している3次下請数社分の製品を混載して納品する「共同配送」を、当社が受託することに決まりました。セールスドライバーのアクションがもたらした、成功例です。

5 顧客満足度調査の結果は素早く現場に反映させる

セールスドライバーのアイデアをもとに物流改善提案を行ない、顧客満足度をアップさせた実例を紹介しました。こういった改善を継続的にやっていければ理想的なのですが、自社のドライバーがどの程度、荷主に満足を提供できているのかも心配なところでしょう。

そこで、これまでに説明した、「セールスドライバーの情報収集能力」「物流改善提案力」に加え、セールスドライバーに期待する能力の3つ目を紹介します。それは、「**荷主からの改善指示への対応力**」です。これは、ドライバーに必要な営業力の1つとなります。このスキルがうまく身につかないと、顧客の満足度はみるみる低下してしまいます。

調査結果をもとに、改善活動を素早く行なうことも優秀なセールスドライバーの必須条件です。プライドの高いドライバーに納得させたうえで、改善をさせるには時間がかかることが多いです。そこで時間をかけず、素早く結果を出す方法を紹介します。

まずは、荷主からの改善要望を書面にすることです。「聞いていない」「知らなかった」

「覚えがない」というのは、残念ながら、少なからぬドライバーの常套手段です。悪気はないと思いますが、そう言われても反論ができない伝達の仕方をした会社や管理職の責任です。面倒でも書面にして、回覧をさせ、押印かサインをしてもらうのです。

しかし、これだけでは、不足です。たとえ面倒でも、1人ひとり丁寧に説明をして、復唱してもらうべきだと私は考えます。そのうえで、現場でドライバーに話しかけ、「聞いてるとは思うけど」と大事な通達が確実に伝わっているかを確認する作業もしています。もし、その場で理解ができていない（伝わっていない）ことが判明すれば、その場で直属の上長に伝わっていないことを理解させるアクションを起こすようにします。しつこいようですが、こういう活動こそが運送事業者の品質なのです。

ここまではセールスドライバーを管理する上長の役目が重要でしたが、ここからは、セールスドライバーが改善指示への対応力を発揮して、ライバルのドライバーと差をつけていきます。

満足度調査から得た改善指示の内容にもよりますが、実例で解説をしましょう。ある荷主に顧客満足度調査を行なった結果、「構内速度（時速20キロメートル）違反が頻発して困っている」との指摘を受けました。ライバルとなる同業者も数社出入りする、大きな荷主です。どの運送事業者のどのドライバーかまでは特定されていませんでしたが、即、出入りするドライバーに通達を行なったようです。

その日の夕方、担当ドライバーからある提案が出されました。それは、「構内での速度を厳守していることを証明したいので、デジタコの記録を荷主に提出してくれ」というものでした。確かにそれだと、入退場の時間も特定できるので、証明することは可能です。

そこまでしなくても……というのが私の本音でしたが、そのドライバーの思いを告げるためにも、直近1カ月分のデジタコの記録を荷主に持参しました。嫌味に思われるのも仕方ないと思いましたが、反応は意外なもので、「君のところじゃないことはわかっているから、安心するように○○ドライバーに伝えておいて」と言われました。

その話が荷主の社長さんにまで伝わり、他の同業者にもデジタコなどの記録を提出するように要請がありました。その後、構内速度は徹底して守られるようになったということです。顧客満足度調査が、自社のみではなく、荷主の安全体制にまで良い影響を与えたという例でした。

顧客満足度調査結果を素早く現場に反映させる活動が、自社の品質となるように努力していきましょう。

荷主の声は、常日頃から耳を傾けていないと、知ることはできません。いきなり荷主から呼び出されて、取引中止を通告されるようなことがあっては、手遅れです。

現場での問題点や課題は、結局はドライバー自身がよく知っていますが、なかなか自発的に提案・改善できないものです。そこをうまく引き出し、先手を打つことができれば、荷主への大きなサービスになるはずです。

6 顧客に好印象を与えて新規荷主を獲得

営業マンが飛び込み営業ではなかなか入り込めない大手企業にも、ドライバーは納品（配達）、引き取り（集荷）という形で出入りできます。

以前、私の会社で、ある荷主の得意先に毎日納品をしていたドライバーの活動が、結果的にこの得意先との直接取引に繋がったことがありました。この会社は東証一部上場の優良企業で、現在では総売上の2割を占める主要荷主にまでなっています。このセールスドライバーのファインプレーです。

きっかけは、荷主との次のようなやり取りでした。先方の生産管理の方がドライバーに、「今からこのまま東京まで、急ぎの製品を運んで走れないか？」とドライバーを現場で捕まえて、直接訴えてきたようです。既存の運送会社には問い合わせたものの、急な要請で対応できないということで、かなり焦っていらっしゃったようです。

このドライバーは、「僕は大丈夫です。一応、会社に確認してみます」と即答しました。連絡がきた私としては、もちろんこんなチャンスを逃すはずもありません。ドライバーの対応のおかげで、無事、得意先の生産ラインを止めずに済んだとのことでした。初の直取引でしたが、これがきっかけとなり、この会社から特車（特急で用立てする配車、もしくは突発便のこと）をいただくようになりました。

納品場所のレイアウト変更や、納品伝票の受け渡し方法、トラックの待機場所についての要望など、顧客に改善をお願いすることもあるかと思います。顧客への改善要望は、上手に提案しないと悪い印象を持たれてしまいます。

言うまでもありませんが、**荷主にとって、その改善にどんなメリットがあるかという視点に立つことが大事です**。荷主のことを後回しにして、自社のメリットばかり追求することは好ましいことではありません。

まずはどんなことでもいいので、**自社の提案力を認めてもらう**ことです。私の会社の要望が、提案を続けたことで受け入れられた例を紹介しましょう。

ある日、先ほどの例と同じドライバーが、荷主に改善提案をしたいと言ってきました。当時、荷下ろし時間が同業他社と重なり、待ち時間が毎日のように発生して、ドライバーの時間外手当が増えるばかりでなく、次の納品先にもご迷惑をおかけすることがしばしばでした。単純にフォークリフトを増やしてほしいとか、順番制にしてほしいと言っても、以前から付き合いのある同業者には敵いません。

そこで荷主に提案したのが、待ち時間の有効活用についてです。梱包作業や空ケースの整理や洗浄、あるいは納品の終わった現品票剥がし、工場場内の清掃です。荷主には大きなインパクトがあったようです。これまで運送事業者からそういった提案をされたことがない、ということでした。

結果的には、既存の同業者とシェアが逆転し、さらには荷主と費用を折半するという条件でフォークリフトの導入も決まりました。今は待ち時間が一切なくなり、全体の運行もスムーズに進むようになりました。

その荷主からは今後もどんどん提案してほしいと喜ばれ、その半年後には、30名ほどの全国の工場長や営業担当者が集まる会議で「改善提案プレゼン」の機会をいただき、今では全国にある10カ所のうち、7カ所の工場で運送のお取引をいただくまでになりました。

新規荷主獲得のために、私がセールスドライバーに指導してきたのは、「**既存の同業者が最も嫌がることを拾っていくようなサービスをしよう**」ということです。

中心にたどり着くためには、外周から攻めていかないといけません。手間のかかる作業や汚れる作業、気難しい担当者との対応などをこなしながら、だんだんと良い仕事（定期の運行や利益率の高い運行）獲得に近づいていくのです。決して一足飛びにはいきません。ですから、セールスドライバーの日頃の努力の積み重ねが効いてくるのです。

私の会社では、例に挙げたような活動により、顧客満足度をアップさせるセールスドライバーを育成しながら、少しずつ売上を積み上げてきました。セールスドライバーを育てると宣言してから6年ほどで、ちょうど10倍の売上になりました。

私は、運送事業者のセールスは、荷主の不都合（困り事）と、運ぶ側の都合（効率）を結びつける作業だと思っています。それには、セールスドライバーの存在は絶対に欠かせないのです。

COLUMN

清掃活動が営業に繋がった

ある荷主の営業課長と雑談をしているうちに、運送会社の営業の話になりました。その営業課長は丁度、10歳ほど年上で、営業に関するアイデアを豊富にお持ちで、いつも感心させられます。

営業課長は、「運送の営業は難しくないぞ。ライバルと逆のことをすればいいんだよ」と言われました。私が「逆のことって何ですか？」と聞くと、「自分で考えろ！　ヒントは、ほうきとちり取りとゴミ袋だな」。私は、それだけで営業になるのかな？　と半信半疑でした。

数日後、ライバル会社の積み込み作業中にたまたま出くわしました。ドライバーは積み込みをする間際、荷台から出るゴミをほうきで掃き出していました。「そうか！　ドライバーはこうやって荷主の敷地内でゴミを掃き出したまま帰ってしまうんだ」と気づきました。決してドライバーに悪気はなく、荷主の製品を積む前に荷台をきれいに掃除してから、積み込もうとしているだけなのです。でも、荷主はあまり良い気はしないはずです。

後日、営業課長に「要するに、ゴミを持ち帰ればいいってことですよね」と言うと、「惜しいけど、少し違う。自分のゴミはもちろん、ライバルが落として行ったゴミも掃除する。それで、そのゴミを荷主のゴミ箱に捨てて行ったら、普通レベル。ゴミは自分の会社に持ち帰らせるんだよ。だから、ゴミ袋も持参しなさいってこと」と営業のコツを教えてくれたのでした。

確かに、それは、荷主の心が動きますよね。でも、どうやってそれをドライバーに意識づけしていこうか……。悩んだ挙句、まずは、1人の模範ドライバーをつくることにしました。前職が大手の製造メーカーでドライバー未経験で入社したK君を指名しました。こういうことは固定観念のない若手が最適です。その活動が功を奏し、荷量が増えることになったのは、嘘のような本当の話です。これぞ、コストのかからないプロドライバーの活かし方だと思います。

8章

ドライバーのモチベーションアップを促すしくみ

1 ドライバーのモチベーションアップは環境づくりから

ある実験で、褒めた集団と、褒めない集団に同じ仕事をさせてみたところ、褒めた集団のほうが圧倒的に良い成果を出したという結果が出たそうです。

結局は、モチベーションの差なのです。従業員のモチベーションが上がれば、業績は上がります。人材育成においては、部下に思い切って仕事を任せ、モチベーションを高めることも大切です。

「経営者の心を心とせよ」という言葉があります。大和ハウス工業の創業者石橋信夫氏の言葉です。商売は戦争であり、経営者は戦場における指揮官なんだと。指揮下にある兵士は、指揮官がどんな意図で指令を発したか、十分に理解してかからないと、とんでもない間違いを犯しかねない。従業員も経営者の心で考えろ、ということです。

私は、28歳で社長に就任しました。その際にまずしたことが、スローガンを掲げることでした。「小さな一流企業を目指して、社会貢献のできる人づくり」と決めました。ところが、自分で定めたスローガンの「一流」とは何か？　になかなか答えを出せず、数年が経とうとしていました。

ある日、「よし、トラックドライバー・コンテスト（ドラコン）全国大会だ！」と宣言しました。当時は、愛知県大会で断トツに強かった大宝運輸（名証2部上場の大手）でも、全国大会で上位に食い込むのに苦戦しており、日本通運や佐川急便の独壇場だった頃で、当社としては目標以上の理想でした。そこで、不意に口から出た言葉が、「ドラコン全国大会に出場できたら、賞金100万円」。

「どうせできっこないから社長も言えたんだな」「本当に出られたとしても、きっと100万円なんて出せないぜ」「他に先にやるべきことがあるだろう」。そんな従業員の声が聞こえてきました。確かに、草野球のチームがプロ野球チームに勝つというくらいの、無謀なチャレンジでした。

宣言して3年。手探り状態で、4名の選手が出場しましたが、県大会の下位からなかなか抜け出せない。出てくれた選手からも「一度は出ますが、それで勘弁してください」と言われ、また次の選手を探し、成績が振るわず、さらに次の選手を探し……。応援に来てくれた選手の同僚や家族に申し訳なく、同業他社の目も厳しいものでした。

この頃から私も責任を感じ、「撤退」という文字が頭をよぎるようになりました。

従業員や会社は、社長の私物ではありません。葛藤の始まりでした。

「やっぱり無理だな。これは大手だけの領域なんだ」「その前にやるべきことは山積している」といったあきらめと、「しかし、これこそが一流への登竜門じゃないのか。あきらめてたまるか」といった意地とがせめぎ合いました。

しかし、意地だけでは10年経とうが、20年経とうが、何も変わりません。私は恥を忍んで、全国大会に選手を輩出した経験のある大手のとある事業所の所長に頭を下げました。「何とか、全国大会に出た経験者に会わせてください」

「会うだけでいいの？」

「はい」

このアクションにより、大きな気づきがありました。それは、草野球チームがプロ野球のチームに勝つというようなこととは異質のものであるという気づきです。

大事なのは「**環境づくり**」だったのです。人材が豊富な大手でも、環境が整っていなければ、栄冠は勝ち取れない、ということです。

まずは、1人で闘っているのではないということを示すため、応援団をつくり、他県の営業所からの応援も義務づけし、社内ドラコンも毎年5月（県大会本戦は9月）に行なうことにしました。

2008年、6章にも出てきた倉本選手が愛知県大会で4位に入り、3位入賞も目前となりました。環境づくりが功を奏し始めたかと思われ、翌年から「もしかしたら全国大会へ行けるかも」という期待感が全社的に高まってきました。

2010年には三重大会で石垣選手が3位に入賞。翌年の2011年には全国大会に初出場を果たしました。全国大会では4トン部門8位となりました。

その他、岡山大会や静岡大会でも上位、三重大会では3位（大型部門）と優勝（4トン部門）と、好成績が相次ぎました。この頃から、ナルキュウってどんな会社？　大手もすでに勝てないらしいよ……と、大手からもマークされ始めました。

社内では、年度ごとにドラコンの戦績をステッカーにして、トラックの目立つ位置に貼り出すようになりました。特にネームプレートの横に貼るため、入賞者はプレッシャーを感じながら、運行することになります。荷主からも「へえー、やるね」などと声をかけられます。

こうして、ドラコンを人材育成、業績アップのツールとして活用したのはなぜかというと、それは、業界の権威ある大会だからです。出場資格はトラック協会の会員のみに与えられ、最も難易度が高い大会で、優勝すれば内閣総理大臣から直々に表彰を受けることができるのです。これ以上の利用価値はないと思いました。

今でしたら、「あなたの会社の特色は何ですか?」と問われたら、「**日本一のドライバーを育成できる中小運送事業者です**」と、胸を張って答えられます。

ドラコン出場は、目先のコストはかかります。しかし、それ以上に事故の減少、燃費の向上、修繕費の削減といったコストカット、また、ドライバーのモチベーションアップに繋がります。さらには、教育に力を入れている会社というイメージづけができたことで、意識の高い有能な社員が集まり、プロドライバーが養成できます。

しかし、コンテストに参戦することがすべてではありません。ドラコンに参戦しない運送事業者は、成長できないの? というと、そんなことはありません。方法はいくらでもあります。何を会社の特色とするかです。

何より大事なのは、ドライバーのモチベーションを上げさせるエネルギーの集約の仕方です。まずは取り組みを開始しましょう。その道中で挫折をすることもあるでしょう。でも、あきらめないでください。そこを乗り越えれば、期待が膨らむ兆候や成果が見えてくるように必ずなります。

その取り組みはアイドリングストップでもいいし、エコドライブ、新規荷主開拓でもいいでしょう。とにかくトップがこだわりと情熱を持って、中途半端に投げ出さない姿勢でいれば必ず、会社の強みを醸成していきます。

私自身、ドライバーを束ねることに苦労していた頃は、ドライバーの意識をどうやって高めるかなど考える余裕もありませんでした。しかし、今思うと、束ねる側の意識の問題だったのだと思います。

トップが強い気持ちで「取り組み」を宣言すれば、必ずついてきてくれるドライバーが出てきます。そのアクションこそが、環境づくりの第一歩です。

まずは次項で、全員が生き生きと参加できる「定例会議」について、紹介します。

2 ドライバーのモチベーションを高める定例会議

運送事業者は、ドライバーに学ぶことの大切さを教えなくてはならないと思います。

5章4項でご紹介したように、私の会社では、1カ月に1回ほどのペースで「定例会議」を行なっています。最近の例で言うと、定例会議を3部制で行ないました。第1部は外部で行なう交通安全講習会に全員で参加。第2部は、私の訓話と、4グループに分かれてローテーションで行なう訓練（自由訓練、事故分析、KYトレーニング、倉庫内清掃）。第3部は、ソフトボール大会を行ないました。

定例会議のアイデアとしては、社内講習だとタイヤローテーション講習会、荷締め講習会、外部機関での講習だと省エネ走行講習会、エコドライブマイスター養成研修などが挙げられます。他には、たとえば、雪の季節に入る直前に行なうタイヤチェーンのかけ方講習会などは、ドライバーの困り事を解決する実用的な講習会です。

これを粘り強く、参加義務を課せずに行なってください。もちろん、最終的には会社が困ることなので、強制したいところでしょうが、そこをあえて自主性を持たせ、取り組むことをおすすめします。

そして、参加者の声を、同僚ドライバーや管理者、社長にまで届ける工夫をします。

まず最初は、「**機会を与えること**」に専念していきましょう。会議の中で、学ぶ雰囲気づくりをどうやって醸成していくかが成功のカギとなります。

押しつけず、興味を持たせながら、効果的に学ばせるには、次の3つのことを念頭に進めます。

①声がけをしながら進める
②教え合うことの楽しさを体感させる
③結果を評価する

①は難しく考えることはありません。要は「乗せてやる」ことです。「いいね」だけでもよいのです。「さすがだね」「そういう能力もあるんだね」「やればできるじゃない」……何でもいいので、乗せてあげて、発言を促す気遣いが大切です。

②は、ドライバーの潜在能力を引き出すチャンスです。教え好きなドライバーは意外に

多いのです。彼らの知識を教育訓練に繋げることは、効率の良い活動になります。

③では、必ず感想を聞いてあげてください。最初は口頭でいいので、皆の前で発表させるとよいでしょう。

私の会社では、ＩＳＯ９００１を認証取得しており、監査で「教育実施の記録」を取るように指摘されました。それをきっかけに、受講者全員に、感想文アンケートを取るようになりました。

これによって彼らの成長をアンケートで見ることができます。ぜひ、１年前のもの、２年前のもの、３年前のものと比較をしてみてください。そこで個別に成長の跡が見えるドライバーを重用するとよいでしょう。

私の会社では、定例会議を通してドライバーのモチベーションアップを図るだけでなく、次世代の幹部候補も生み出しています。短期間で費用対効果も出せる方法です。

成長が止まってしまっているドライバーを幹部にしてもなかなか変身してはくれません。一時的にキラリと光るところがあるドライバーよりも、**着実に成長の跡が見えるドライバーを将来の幹部候補として、着目する**とよいと思います。

定例会議は、前述したように、ＩＳＯ９００１を認証取得する際（２０００年）に、教育訓練活動の柱として始めました。

実は、この定例会議は一時、中断をしていたことがあります。定例会議は月に1度、土曜日に行なっていましたが、次第に日常の運行が立て込み始めました。やむなく運行で欠席したドライバーには後日補講を受けさせフォローしていましたが、それも次第に書面のみの回覧となりました。さらに、足並みが揃わないことを理由に、定例会議の開催が2カ月に1度になり、そして、最後は事故のない月は行なわなくなってしまったのです。

そういったツケは、必ず回って来るものです。細かい事故が、続発し始めました。これがどうにも止まりません。こういうときは、怒ったり、喚いてみたところで事態は変わるものではありません。

頭を抱えていたある日、「緊急の定例会議を開く」とのメールが営業所長から入りました。緊急の定例会議では、直近の事故報告が事故発生者からされ、仲間からの厳しい意見やアドバイスが遠慮なく交わされました。それは久々に緊張感のある会議でした。

参加したドライバーも同じように感じたのか、次回開催は1カ月後と決まりました。これが、会社側の押しつけではなく、ドライバーの総意と聞き、うれしくなったものです。

それからは、事故が起きなくても毎月、文字通り「定例」の会議として、開催されています。ここまで来れば、経営者は安心して見ていられるでしょう。

3 モチベーションを維持する目標の伝え方

ドライバーのモチベーションを上げるために、目標管理をさせる会社は多いと思います。目標管理なんて、これまでも当たり前にやってきた。そう思われるかもしれません。

確かに、目標は必要です。ないという会社は少ないでしょう。しかし、目標を達成することが、**「儀式化」してしまっていることが少なくありません。**

たとえば、私の会社では毎年、正月明けの初出勤の日に、緑十字の安全旗に今年の目標を寄せ書きします。年末には「来年に向けての目標を年始までに考えておくように」との課題を与え、正月を迎えてもらいます。

まず、私が書き入れ、次に取締役、そして営業所長という順番で書いていきます。ちなみに、2013年の私の目標は、「事故半減に挑む」でした。そして、その周りにドライバーが自分の名前を寄せ書きしていきます。

当初は、立て続けに起きてしまった労災事故に対する安全祈願として始めたイベントでした。ところが、例年のことになってくると、ベテランをはじめ、新人以外のドライバーは、「はい、毎年恒例の寄せ書きですね」という感じで、何も考えずに名前を書き込んでいきます。寄せ書きが単なる儀式になってしまっており、全く意味のない作業となっていたのです。

そこで私は、その安全旗を成田山に持って行き、ご祈祷をしていただきました。安全旗に朱印を押してもらい、持ち帰って社員に見せ、「神にすがる思いで、心を込めてご祈祷してきました。これで労災事故が治まると信じたい」と言いました。

不思議とそれを契機に、無事故の状態が続きました。それは単なる儀式ではなく、本当に無事故を願う気持ちが皆の意識を変えさせたからだと、私は今でも信じています。

あらゆるアクションを「儀式」で終わらせない工夫と努力をすれば、費やした時間と労力は価値に変わっていきます。

運送事業者において、風化し、儀式的に終わってしまっているアクションがどれほど多いことか。点呼、安全唱和、指差し確認、運行前点検や掲示物の貼り出しなど、それぞれに意義や狙いがあるはずです。

点呼の意義は、まず始業点呼では、「安全な運行ができる状態かを確認する」というのがその意義です。終業点呼では、「終了した運行に対する事後確認」がその意義です。

とりわけ、ルーチンとして流される点呼は、意味が薄れ、時間と労力の浪費となることが多いです。安全唱和を暗記するくらいでなくては、その唱和の意味が理解されているとは言いにくいものです。私は、ドライバーに「今月の安全唱和は何だったか言える？」と突然、声をかけることがあります。半分の者はおぼろげながら答えてくれますが、半数は全く思い出すことができません。

運行前点検では、見ることが目的ではありません。不良箇所を見つけることが大きな目的です。儀式的に点検をする者には、不良箇所は探し出せません。点検する目的を理解して点検する者は、不良箇所を絶対に見逃さないものです。

頭で理解している者は、行動にもすぐに反映することができます。モチベーションを上げる難しさについて悩んでいる管理者も少なくないと思いますが、私は各アクションの意義や目的を、言葉でしっかり伝えるようにしています。

たとえば、「なぜ、トラックを洗車することが大事か？」を、ドライバーに明確に理解させられる管理者がどれくらいいるでしょうか？

私は、ドライバーに「汚いトラックで運行して良い仕事ができるの？」と声がけすることもあれば、洗車されたトラックを見ながら「トラックをきれいにしておくと、乗るドライバーも荷主も気持ちいいよね」などと伝えるように努めています。

「汚いな。たまには洗車しろよ！」という指導では、ドライバーのモチベーションが上がったことはありません。

モチベーションを維持するには、その伝え方が重要ポイントとなってきます。

まず注意したいのは、相手を否定する言葉から入るべきではないということです。そして、できていない現状を「やれる」という気持ちに変換していく導きの姿勢です。

人は、相手から否定されることで心を閉ざし、徐々に前を向かなくなっていきます。しかし、自分に共感してくれたり、気にかけてくれる相手には心を開きます。

目標に対してなぜ届かなかったかよりも、まずは、できていたことを認めてあげることを優先しましょう。その次に、目標を伝えて、やるべきことを再確認していくのです。この順番がとても大事なのです。

4 トラックドライバー・コンテスト参戦はモチベーションアップのための最適ツール

プロドライバー育成におけるトラックドライバー・コンテスト参戦の効果について、さらにお話ししましょう。

２０１３年10月28日は、私の会社にとって歴史的な1日となりました。倉本選手が、全国大会で4トン部門優勝という輝かしい成績を上げたのです。さらに、警察庁長官賞、全日本トラック協会長特別賞、そして栄えある国土交通大臣賞の3賞を同時に獲得しました。国土交通大臣賞は、中小企業の選手の中で最高得点を上げた選手に贈られる、いわば「運送業中小企業日本一賞」です。

全日本トラック協会の星野会長（当時）にお礼を申し上げに倉本選手と挨拶に行った際、会長に「素晴らしい成績、おめでとう」と労いのお言葉をいただき、持ち切れないくらいに大きなトロフィーと楯を2枚いただきました。私は、これまでの戦績を走馬灯のように思い巡らせました。

先にも述べたように、ドラコンに挑戦し始めたのは2000年9月でした。初のドラコン愛知大会に参戦しました。同時に「全国大会出場＝優勝」を目指すと宣言をしました。

私は、ある望みを胸に、「全国大会出場宣言」をしました。それは、99％が中小零細企業で成り立っている業界だからこそ、中小零細の私の会社が全国を目指す価値があると考えたからです。99％中小零細の中の一企業である運送事業者が、1％の頂点（大手）に立つ会社に、なんとか勝ちたいという強い思いがあったのです。

資本力やネームバリューや車両の保有台数では絶対にかないませんが、個々の人材を育成するならば勝てるかもしれない。もし、勝てるだけの選手（人材）を育て上げることができれば、きっと強い会社になれる。そう確信していました。

大きい会社にはなれなくても、強い会社になればいいのです。ドラコンへのチャレンジは、小さな会社を一流企業に近づけるための最高のツールでした。

我われの業界には、目に映る商品もなければ、世間を驚かすような技術もありません。できるのは、人材づくりなのではないでしょうか。人材を育成するツールとして、私はドラコンを活用することに決め、全国大会に出場する選手を輩出するまでは、決してあきらめないと、心に誓ったのです。

挑戦から12年目で成し遂げることができましたが、ここまで来るには想像を超える紆余曲折がありました。

最初にドラコンに出てくれた選手には申し訳ないことをしてしまいました。それは、事前の調査や情報収集がゼロに等しく、「一発本番」という状態となってしまったからです。何もできないまま、最下位に近い成績でした。応援に出向いてくれた当社の社員は数名でしたが、他に出場していた選手はほとんどが大手運送会社のドライバーで、応援団も数十人単位でした。今ではドラコンから撤退をしてしまった佐川急便ですが、当時の力の入れようはすごいものでした。選手の肩身の狭さを思うと、本当に申し訳なかったです。

最初に出場したY君は、翌年、大手の同業者に転職をしてしまいました。彼こそ、本来は引き止めたい思い入れのあるドライバーでした。彼のチャレンジスピリットがあったからこそ、挑戦は今に繋がっているのです。

さて、参戦当初の身を削るような思いから、大きな躍進もないまま5年目の2004年を迎えました。成績は振るわないものの、応援の従業員は30名を超え、かなりの盛り上がりを見せ始めました。それは、牛歩ながら順位を上げてきていること、そして会社の中に一体感が出てきたことからでした。

その頃は、初の拠点展開（静岡営業所、岡山営業所）を果たした時期でした。普段は遠く離れた拠点で働く従業員が交流する機会は、他にはありませんでした。ドラコン愛知大会の応援に静岡から駆けつけてくれるようになり、次に岡山からも応援を呼んで、雰囲気を感じ取ってもらいました。結果、静岡大会、岡山大会にも参戦する流れが出来上がりました。ドラコンというツールを通じて、会社に一体感が生まれたのです。

ただ、そういった雰囲気に水を差す者も必ずいるものです。「どうせ大手になんか勝てるはずがない」「選手で出れば、昇給でもしてくれるのか」というような、私の決意を萎えさせる言動を多く耳にしました。30名弱の出場選手の中でベスト10入りをし始めた時期だったと思います。それでも10位以内の壁はかなり厚く、なかなか越えられませんでした。

そして、ふと思いついたのが、「会社が選んだ者」ではなくて、「**勝ち抜いた選手を選抜する**」という発想です。そして、社内ドラコン大会の開催案を提起しました。まずは社内で競い合い、勝ち上がった強い者が本大会に参戦できるしくみを構築しないと、ベスト10の壁は破れないないと考えたのです。

最初の社内ドラコンは、現在のように全員参加の大会ではなく、開催するだけでも大変な苦労をしました。全く関心のない者を振り向かせ、本気にさせるのは、容易なことではありませんでした。

まずは管理職を巻き込まないと、前には進みません。信じて継続していけば必ず結果は出ると、繰り返しトップが言い続け、成し遂げたときには、何が得られるのかを語り続けなくてはなりません。そのためには管理職にも社内ドラコンに参戦してもらい、体感させるところから取り組み直すことにしました。

当初は、「俺（上司）も出るから、一緒に出よう」と言わせることから始めました。その上司の言葉で社内ドラコンに参戦した者は、他の仲間からやっかみを買うこともあります。しかし、結果が出始め、社内大会ながら、生まれて初めて「表彰」をされ、賞品のお米を担いで家族のもとへ帰る入賞者の輝いた表情は何とも良いものでした。誇らしげな入賞者の姿を見て、徐々に社内ドラコンにも関心が寄せられ始めました。

そのような中、２００８年に倉本選手が、愛知4位という成績を上げたのです。優勝の壁は厚く、険しい道ではありましたが、4年後の２０１２年、倉本選手は激戦区の愛知大会4トン部門でついに優勝を果たし、大型部門でも川田選手が優勝をしました。翌年には、ナルキュウグループ3社から、全国大会に3選手を輩出し、全員がトップ10に入るという躍進を遂げました。２０１６年には、愛知の川田選手、茨城の渡辺選手、三重の飯田選手も全国大会に初出場しています。

中小でも大手に勝てる！

大型、中型車で「2冠」

鳴海急送 ドラコンで快挙

【愛知】「中小がチャレンジしやすい大会にしてほしい」。鳴海急送（名古屋市緑区）の酒井誠社長の熱意が、ドラコンの歴史を変えた。同社のドライバーが大型車、中型車部門の2冠を達成したのだ。

同社は12年前からドラコンに挑戦。テキストを取り寄せ、テレビ会議システムを使い勉強してきた。最高得点をマークした倉本健一選手は同社のドラコン挑戦の中心的存在で、自ら問題も作成。グループ討議形式で勉強を重ねてきた。

また、静岡代表の青木隆一選手は高校球児の経歴を持つ。甲子園大会出場の名門高校出身でレギュラーポジションにいた。プロ野球の監督から「このグローブを持ってこい」と渡され、プロとして活躍する未来が確約されていたが、肩を壊し断念。人生の計画変更を余儀なくされたという。

酒井社長は「競技や全国大会、挑戦といった言葉が、青木選手らの心の後押しになっているのでは」と見守ってきた。倉本、青木両選手だけではない。ドラコンに取り組んでいる他の選手らも、日常、学科で解けない問題にぶつかると、ムキになって調べまくるという。「彼らへの見方が変わった。専門分野を極める姿勢に驚いている」と同社長は話す。

表彰式で、同社長は愛ト協の吉野雅山副会長とがっちり握手。式終了後、他社の選手からも「おめでとう」と声をかけられた。「いつかナルキュウさんはやってくれるだろう」と期待を集めてきた。

全国大会には同社から愛知、静岡、三重の代表として3人の選手が出場する。3年前、岡田運輸名古屋支店の坪内大樹選手が全国制覇を成し遂げている。ドラコンは「大手企業だけが上位を占める時代」が終わったと言える。

（戸嶋晶子）

2012年、当社のドライバーがドラコン県大会で2冠を果たした

「物流Weekly」（2012年9月17日東海・北陸版）より

ドラコンは本業に直結するものなので費用対効果も高く、会社全体の技能の底上げにもなります。また、自社の応援をすることで、愛社精神や団結力が高まる効果も期待できます。県大会の直前になると女性社員が応援用のオリジナルのうちわを作成してくれるなど、社内の雰囲気も次第に盛り上がり始めます。

最近では、ドライバー募集をすると、ドラコンでの活躍を安心材料と捉えてくれる応募者がとても多く、採用活動がかなり楽になってきました。

運送事業者は事故を撲滅させ、利益を上げ、企業の存続をしていかなくてはなりません。私はこのドラコン参戦を、モチベーションアップのツールとして効果的に活用することで、うまく目的に近づいていています。

5 管理者の評価方法

本章3項でも触れたように、ドライバーのモチベーションを上げるうえで大きい影響を与えるのが、上司からの働きかけです。その上司が経営陣や部下、または荷主から、どのように評価されているかも、やはり重要になってきます。

管理者の評価は、**経営陣の評価と、部下（現場のドライバー）の評価をバランスよく見る**必要があります。経営陣寄りの管理者は、部下から単なるメッセンジャーとしてしか認められず、統率するうえでの障害になっている場合があります。ドライバーからの不満や反論に対して、「上の方針だから仕方ない」というような返答しかできない管理者を重用してはならないと考えるべきでしょう。

それに反し、ドライバーから強い支持を受ける管理者もいます。どちらかと言えば、ドライバー寄りの管理者であっても私はいいと思っています。

231ページの図は、当社に実在する、タイプの違う2人の管理者について、8つの指標で評価した事例です。点線で示した評価の管理者は安全最重視で、しっかりとドライバーを守っていくタイプです。少人数の営業所ですが、まとまりのあるプロ集団として、業績を上げています。

一方、網かけで示した管理者は、荷主から高い評価を受けているものの、ドライバーのモチベーションをなかなか上げられない、元営業マンです。

管理者に対する荷主の評価、経営陣の評価、そしてドライバーの評価。これらの評価のギャップが、事故多発やドライバーの定着率の低下、荷主離れという現象になって現われてきます。事故やミスの多発がドライバーらの不平・不満に繋がっているということを見抜くのも、これらのギャップを埋めるためのヒントになります。

荷主から評価の高い管理者は、ドライバーに無理をさせていることがありますので、それが不満になる前に手を打たないと、荷主からの信頼を失墜しかねないクレームや事故に繋がります。ドライバーの声にも耳を傾けつつ、管理者の評価をしてやることが大事です。

逆に、ドライバーからの支持を強く受ける管理者は、先に述べた通り、ドライバーの立場をよく理解した熟練者に多い傾向があります。荷主からの要望とドライバーへの思いやりの狭間で、管理者自身が、乗務や作業を買って出て、本来のマネジメントが疎かになってしまうケースが多いように思います。これは、経営陣がしっかりとあるべき姿に矯正してあげなくては、いずれ潰れてしまいます。

厄介なのは、経営陣からの評価は高いが、荷主あるいはドライバーからの評価が芳しくない管理者の扱いです。社長にとっては、会社の方針を周知させる、ドライバーとのパイプ役として都合の良い部下に思えるかもしれません。

しかし、こういった管理者の特徴として、現場で起きている諸問題や課題について、経営陣に報告を怠る傾向があるように思います。決定的な対策はありませんが、複数の荷主、管理職、ドライバーとの対話を怠らず、常に正確かつ最新の情報を得る情報網を張り巡らすことが重要と思います。事故やクレーム、ミスの起き方、ドライバーの定着度、荷主の売上高の推移、管理者仲間（同僚）との人間関係などを冷静に感じ取ることです。

こうした評価のズレは、**管理者の課題解決に対する優先順位のつけ方、マネジメントや安全意識の価値観に違いが生じている**ことに起因しているように思います。

荷主からの評価が高いことは良いことですが、ドライバーに負荷をかけたり、コンプライアンス軽視、あるいは相場を大きく下回る運賃提示や経営状況にマイナスの影響を与えるようなジャッジをしてしまう事態に発展してしまっては、管理者としての資質を問われ

管理者の評価(例)

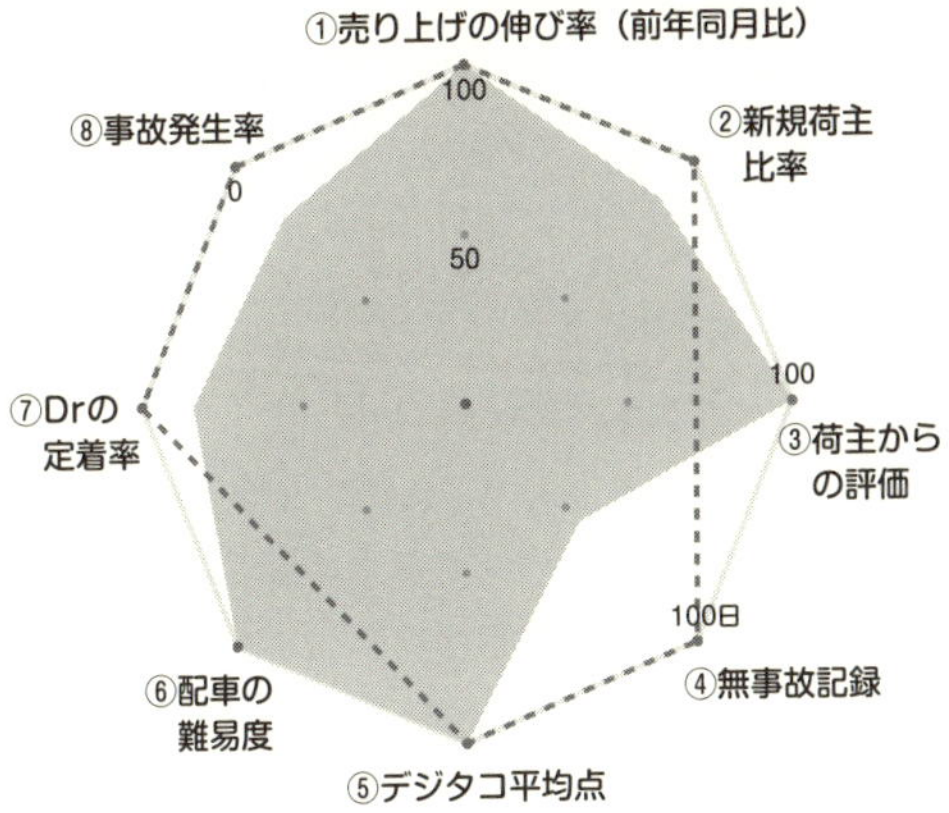

ることとなります。

　プロ集団を束ねられる優秀な管理者を育て上げるうえで、的確な評価をし、長所を伸ばし、欠点を補ってやらねば、組織づくりはうまくいきません。

　管理者を正しく評価すれば、管理者自身はもちろん、ドライバーにも良い刺激を与えることができるはずです。

COLUMN

“ゆるい”営業所への愛のムチ

静岡県磐田市に我われの静岡営業所があります。この営業所の特長は、何と言っても和気あいあいとした雰囲気です。

従業員数は20人ほどですが、珍しく同じ姓が３組もいます。私が所長に「同じ“小池”姓が２人いるけど、どうやって呼び分けてるんだ？」と問いかけると、「１人は『おい！小池』（今は故人の逃亡犯）です」と笑いながら返してきました。「本人は気に入っているみたいですよ～」と名付け親のＦ副所長も続けます。

仲の良いのは悪いことではありませんが、緊張感がないのは困ります。実際、昨年の社内ドラコンの営業所別成績は最下位。このままでは“ゆるい”雰囲気の漂う弱小営業所になってしまう。そう思った私は愛のムチを放つことにしました。

社内ドラコンを１カ月後に控えたある日、雪辱を果たそうなどという気概が見えないM所長に喝を入れました。「また今年も最下位でもいいのか？　いくら新規荷主を開拓しても、最下位じゃダメじゃん」と、普段温厚な私も相手をわざと怒らせる言い方をしました。その頃、大口の新規荷主を開拓して売上を急上昇させたとあって、慢心が出始めていた頃だったのです。案の定、激情型のＦ副所長が、「僕らも新しい仕事に慣れなくて、四苦八苦してドラコンどころじゃないんですよ」と話に割り込んできました。マズいと思ったM所長が口を開いてくれました。「わかりました。最下位は返上してみせます」。

私は、「わかったよ。最大限のフォローはしていくから」と営業所を後にしました。その後、何度か教育担当者を派遣し、フォローしましたが、皆、必死で訓練をしてくれたようです。その結果、２名の個人３位入賞と新人賞を含む、団体４位。見事最下位を脱出しました。

大会後、笑みのこぼれるM所長、Ｆ副所長に「おめでとう。あのときは言いすぎて悪かったな」と言うと、Ｆ副所長も「いえ、あれで目が覚めました」とガッチリ握手で仲直りしました。

9章

成長し続ける組織をつくろう

1 会社が成長し続けるために経費を使うべきところ、削減すべきところ

化学メーカーのクラレは「新小学1年生の『将来就きたい職業、親の就かせたい職業』」というアンケート調査を実施しました。子供（男の子）のアンケートでは、「運転士・運転手」が3位、「鉄道・運輸関係者」が20位に入るなど「物流関係」の職業が健闘しているようです。しかし、親が就かせたい職業のランキングには入っていないとの調査結果を公表しています。また、小学6年生を対象とした同アンケートでは、物流関係者の職業は姿を消してしまうというのです。

他の調査によれば、これが高校生になれば評価が一変するとのことでした。仕事の内容については「きつい仕事」、仕事の清潔さは「普通」、仕事の安全性は「危険な仕事」との回答が多く、このことから「きつい」「危険」なイメージが、印象づけられていることがわかります。

また、賃金は「普通」、働く時間は「長い」という回答が多く、同調査からはマイナスイメージしか出てこないことがわかりました。

経費の支出を大中小に分けて、考えてみましょう。

「大」は、業界あるいは大企業として、「中」は、一中小零細企業として、「小」は、会社内の小集団活動を通じた活動やプロジェクトに必要な経費の支出となります。

私たちが取り組むのは、「中」または「小」の組織づくりと人づくりです。

私たちは、何に経費（教育訓練、宣伝広告、福利厚生など）を使い、何の経費（効果の上がらない無駄な活動）を削減すべきかを、未来のためにも考えなくてはなりません。中小企業は、限られた資金を無駄なく使い分け、しかも結果を早く出せたほうがいいのです。遠い未来のために多くの資金を使えないのが、小さな会社の宿命です。

でも、目の前のことに経費を使うばかりでは、会社は良くなっていきません。先に記したような「ドライバーになりたい」若年者層が減っていく中、小さな会社は良い人材を引き寄せる魅力がなくては、生き残りが厳しくなっていきます。

ただ、小さい会社だからと言って、悲観することはありません。

小さい会社だからこそできる、独創的な活動やアットホームな雰囲気、経営者の個性に魅せられ、良い人材が集まってくるから、小さい会社が多い運送業界は面白いのです。

できればお金をかけずに、良い人材を集めたいところですが、現実はそうもいきません。

やはり、それなりの出費は覚悟しなくてはなりません。**お金の稼ぎ方と、効率の良い上手なお金の使い方がわかれば、小さな会社は急激に成長する**ものです。

その一例として、私の会社のオフィスには、熱帯魚の水槽があり、業者が餌やりから魚の入れ替えまですべてやってくれます。オフィスはフリーアドレス制とし、自分用の袖机兼キャビネットがあるだけで、個人専用のデスクもパソコンもありません。オフィスには、営業、配車、総務、経理、他の営業所からの出張者もいます。

デスクを決めてしまうと、不在者（外出や有給休暇）のデスクは使われないし、全部で10名いるオフィスも、一番少ないときは1～2名のときもあります。少ないときは、広々とデスクを使えたほうがいいですし、適度に席替えもできますので、気分転換にもなります。また、自分のデスクではないので、私物や不要な資料の滞留も防げます。会議室を別に設けなくても、オフィスでミーティングができます。ですので、私の会社には社長室もありません。各地の拠点に赴くことが多いので、私専用の部屋は無駄だからです。

各々のデスクを用意するよりも、経費は大幅に削減できました。その削減できた費用を熱帯魚水槽に費やせたというわけです。おかげで、社内に憩いの空間が出来上がりました。

この例のように、何に経費を費やし、何の経費を削るのか。ここの見極めは、小さな運送会社の経営者や管理者のセンス次第だと思います。

具体的に、運送事業者の経費のかけ方の一例を見てみましょう。

「中」の中小零細企業が、大手に良い人材を独占されない魅力ある会社づくりをするための経費の支出例としては、会社案内があります。会社案内のパンフレットは、経営者の情熱と、創意工夫と、斬新さを兼ね備えたものを作成しましょう。これは、ホームページも含めて考えたほうがいいと思います。

ホームページがあるから、紙ベースのものは簡単な手作りの会社案内で……というのは、良い考えとは言えません。手に取って、目を通せるパンフレットだからこそ、伝わることもあると思うからです。特に運送事業者にはドライバーという宣伝部隊（セールスドライバー）がいますので、会社案内をドライバーから手渡せるというメリットもあります。

「小」は、会社内の小集団活動を通じた活動やプロジェクトに必要な経費の支出です。

8章で「定例会議」をご紹介したように、一方的に押し付けるのではなく、参加型、自立型の教育訓練にお金を使っていくべき、ということです。

やる気を引き出す組織づくりに必要な投資や経費ですから、人に関わる経費になることは明らかです。また、人に関わるものの中でも「やる気」を引き出すことに繋がることに絞り込んでいくといいでしょう。

2 統一したサービス品質を備えた拠点のつくり方

当社の創業から60年の歴史の中で、50年間は拠点を持つチャンスは訪れませんでした。50年目の２００２年、初めての県外拠点ともなる静岡営業所（浜名郡新居町）を開設することができました。

拠点とする場所の選定、契約（賃貸）、営業所長の任命、営業所の許可申請、ドライバーの採用、教育、引越、ご近所への挨拶、静岡県トラック協会への加入、最後に新しい仲間との開所式。すべてが初めての経験で、手探りの状態での拠点展開となりました。

その時点では、その後10年で、茨城県ひたちなか市、神奈川県平塚市、静岡県磐田市、愛知県大府市、三重県四日市市、岡山県瀬戸内市と6カ所に拠点を展開することになるとは全く想像することはできませんでした。

最初の拠点であった静岡営業所の所長として、任命したのは、入社16年目のベテランでありながら、まだ30代の精鋭でした。拠点立ち上げをさせるうえでの、スペシャリスト的な存在です。

拠点展開の最初の苦労は、人の問題でした。地元に浸透していない社名の一零細企業が求人募集をかけて人が集まるのか、とても不安でしたが、意外にも募集広告の反応は良かったのです。かえって、誰に絞り込むのかといった悩みのほうが深刻でした。

その後の6カ所の拠点展開でも同じように、「オープニングスタッフ募集」という求人広告への反応は良く、2度目の掲載をすることもなく、難なく人は集まりました。

これは推測なのですが、地方の求人誌は求職者だけではなく、在職者も定期購読しており、真新しい会社の求人は注目をされるようです。毎回、同じ様な会社の求人が繰り返され、いつも求人をしているような会社は敬遠され、稀に掲載される会社に、求職者は敏感に反応するようです。

このようにして、地方の小さな運送会社だった当社が拠点を持つことで、物流サービスのバリエーションが増えました。全国ネットの荷主との取引が増えました。

私自身、出張が増え、家族と過ごす時間は少なくなりましたが、仕事の幅は大きく広がり、あとで紹介する「企業の成長とトップのあり方」という点においても、拠点展開は大きな成長の源となりました。

3 やる気を引き出す給与システムの導入

皆さんは、給与体系を巡るトラブル（時間外手当の未払いなど）や、複雑化した給与計算の事務負担など、さまざまな悩みを多少なりともお持ちではありませんか？

私自身も、先代からのやり方を引き継いで給与計算をやっていたのですが、旧来式の給与体系に頭を悩ませました。しかし、新しい給与システムを提案しても、「損になるから、いやだ」と言うドライバーたちを納得させることができませんでした。

運送事業者の給与は、一般的には、「基本給＋歩合給＋時間外手当＝月給」というのがスタンダードです。運送事業者の給与は、運賃を基準にした「歩合給」が定められることが多いと思われます。

ところが、歩合給はドライバーの作業の負荷を増加させます。それだけでなく、荷主に提示する運賃は、同業他社との戦いに不利にならないように戦略的に安くしたり、新規荷主を獲得するために、最初は思い切った運賃を提示することもあります。そうなると、ドライバーにとっては、割の合わないことも出てきてしまいます。

私の会社では、ドライバーとの信頼関係が崩れかけていた時代があり、運賃をドライバーに公表せざるを得ない状況でした。新規荷主の安い運賃の運行は、「旨味」がないため、ドライバーは行きたがりません。いくら新規荷主の獲得をしてきても、ドライバーが動いてくれないというのでは、業績が上がるわけがありません。「どうすれば、ドライバーが納得して動いてくれるようになるのか？」と私は悩みました。

そこで、「今こそ、新しい給与体系を導入する時期だ」と思い、「**ポイント給制**」を導入することにしました。結果を先に言うと、ポイント給制の導入は成功し、売上も順調に推移していき、ドライバーは生き生きと仕事をするようになりました、導入から10年以上が経ちましたが、給与でのトラブルは激減しました。

私が定めたポイント給制とは、ドライバーの運行上の負荷である「稼働時間数、時間帯」「距離」「車格」「寄り件数」「荷積み・荷下ろしの負荷」を点数（ポイント）化し、時間外手当を含めた歩合給として支払うというものです。

これを導入するメリットは、**①給与計算が簡単、②毎日のドライバーの「稼ぎ」がドライバーごとに把握できる、③時間外手当も計算などに合法性がある、④公平性に優れている、⑤ドライバーが運行ごとに「稼ぎ」を瞬時に把握でき、やる気を引き出すことができ**

る、というものです。

ただし、デメリットもあります。それは、導入から浸透させるまでに多くの時間（準備期間）を要するということです。245ページに示したように、導入は正しい順番で、慎重に進めることが成功の秘訣です。ドライバーが納得のいく給与体系でないと、やる気を失い、打算的にしか行動しないレベルの低いドライバーをつくり出してしまいます。この弊害は、運送事業者にとって最も大きい損失となります。

私の会社では、新規荷主の獲得の糸口を、「特車」の獲得と捉えています。新規荷主は最初から定期の便を受託させてはくれません。運送事業者としてはまず、配車に苦慮しがちな突発的に発生する「特車」をいかに取り込むかが、新規荷主獲得の要所となります。

ドライバーにとっては、負荷の高い運行です。ポイント給にする前は、稼ぎが見えにくい運行だったせいもあってか、ドライバーから敬遠されがちでした。しかし、ポイント給を導入した途端、ドライバーはこぞって特車を受けてくれるようになりました。

その理由は、**特車のポイントを通常便の1・5倍**にしたからです。もともと特車は突発の便なので、高めの運賃を荷主に提示しやすく、利益率も高いのです。だから、ドライバーに還元しやすいのです。ドライバーが「特車が入ったら、また声をかけてください」とまで言うようになった点でも、ポイント給導入は効果があったと言えます。

そもそもドライバーの給与は、ざっくりとした言い方をすると、基本給はせいぜい10万円程度で、大半が歩合給という考え方が主流でした。やればやるだけ稼げた時代は、基本給は月10万円でも歩合給が40万円以上あったこともあります。

その後、労基法が厳格に適用され始め、10万円の基本給では最低賃金法に抵触するようになりました。また、あるドライバーの給与に関わる裁判で「時間外手当が支払われていない」という判決が下されたことが、さらに追い打ちをかけることになり、ドライバーの給与は段々とわかりづらいものになっていきました。

それは、従前の給与規定を部分的に改訂することでしのごうとした運送事業者が多く、ドライバーへの給与改訂等の説明にも限界があったからです。そうした経緯に加え、環境適合した車両価格は高く、燃料高騰や、コンプライアンスなどにかかるコストもかさみ、結局はドライバーの実質賃金を下げることで、運送事業者は生き残ってきているのです。

そのような給与体系では、今後、良いドライバーを確保していくことは困難になってしまいます。運送事業者が成長し続けるためには、ドライバーのやる気を引き出すことを前提とした給与体系の変更が、重要になってくるでしょう。

なお、ポイント給では、時間帯も加味したポイント換算をするので、時間外手当も含めて計算されます。私の会社の賃金規定では、ポイント給の中身のほとんどが時間外手当であるという解釈ができるように明示してあります。

実は、当社がこの給与体系に改訂した直後、退職したドライバーが労基署にこの規定の合法性を確認しに行ったことがあり、最終的には、労働審判にまで発展しました。しかし、裁判官は、「時間外手当は、正当に支払われている」との判決を下しました。それは、賃金規定の中に、労基法に基づき、時間外手当（残業、深夜割増手当）に運行の負荷に応じた精励手当を加えたものを「ポイント給」とする、と規定してあったからです。

ポイント給の額が、正規に計算された残業手当に満たない場合は、調整給を付加する規定となっています。これを月単位で調整をしていく方式を採用しているため、実際には調整給はほとんど発生しません。この1件で、ポイント給制は合法であると認められたことは、ドライバーたちが納得して働いてくれることに繋がりました。

ドライバーが納得して働いてくれて、しかも運送事業者にとって売上に占める人件費率が一定水準に保たれる給与システムがあれば、**組織が成長し続けるための大きな基盤が出来上がる**はずです。

うまくいく給与体系変更の手順

移行期間は長めに（概ね1年くらい）

①説明会の開催

・現給与体系の弊害について
⇒運賃の○%は、割に合う、合わないが出る　など
・なぜ、給与体系を変更したいのか？

②ドライバーへの個別説明

・過去半年間くらいを遡り、新給与体系だったらどうであったかをシミュレーション
実質給与の上がる者⇒問題は起きにくい
実質給与の下がる者⇒慎重かつ親身に打開策を一緒に考える（スキルアップの教育プログラムの提案、実質賃金アップのための目標設定など）

③ドライバーの声を反映させた新給与体系の設定

・「賃金規定」として書面化し、社会保険労務士などに合法性の検証を行なう

④新給与体系の実施月を発表

⑤新給与体系の実施

POINT!

性急すぎる移行はドライバーからの信頼感喪失に繋がるので、移行はゆるやかに行なうのがポイント

4 会社の成長段階に応じたトップのあるべき姿とは

私が当社に入社したときは、売上が年々減少している赤字体質で、何をすればいいのかも、会社がどんな問題を抱えているのかもわかりませんでした。

まず、私の居場所は事務所のデスクでした。まっさらなノートと向き合い、何をすべきか、何を変えるべきかを机上で考えました。労基問題、新規荷主開拓の問題、人事、財務、設備、業界の位置づけ、たくさんのことをとにかくノートに思いつくまま書き留めました。今でも「エンマノート」と名づけ、その2冊を大切に保管してあります。

まず、直近の決算書から損益分岐点の計算、労働分配率の計算、固定比率、自己資本比率などの経営分析をした記述が残っています。

当時の借入金は1500万円で、ある意味、健全経営でした。年商の5分の1の借入なら倒産の危険はありません。高齢の経営者でしたから、冒険はしたくない状況だったのだと思います。大きな事故さえなければ、従業員の生活も社長自身の社会的地位も維持できる。そういった保守的な考えになるのは当然のことかもしれません。

しかし、それを「よし」としてしまうのは、次世代の経営者候補としては物足りなさばかりではなく、ストレスさえ感じました。

成長し続ける組織をつくるうえでは、さまざまなステージがあります。実際、私の会社も、急成長した時期もありましたが、長い低迷期もありました。最後の項目では、運送会社の成長のステージを、私の経験とともにお伝えしていきましょう。

前述したように、**トラックが30台になるまで**は、私がすべてをこなしながら、突き進みました。このステージでの壁は、20名の従業員を抱えた頃のことでした。業績がなかなか伸びずに悩んでいたところ、今は亡き顧問税理士が、「君が仮に優秀な経営者だとしても、東西南北には同時に行けないだろう。君は人に任せるということを覚えなくてはならない」と忠告してくれました。私は大きな衝撃を受けました。

この忠告が私の行動を根底から変えさせることとなり、仕事を部下や協力会社に委譲し、管理者を雇い入れ、配車を任せ、給与計算も社労士に委託しました。思い切って金庫の鍵を経理担当者に渡し、実印以外の捺印の権限を徐々に経営陣に委譲させました。委譲することが多くなるに従い、会社は成長していきました。

それからあっという間に、拠点は3カ所に増え、**売上5億円、車両50台以上のステージ**となりました。私自身は、今まで配車に気を回していた自分の力を、どんどん他のことに回していき、トラックに乗務することも完全になくなりました。

これは、「社長を乗務させるような運送会社には、仕事を増やすことはできない」という荷主からの要望もあったからです。確かに、トップが事故を起こしてしまっては「しめし」がつきません。

この時期は、家業から企業に脱皮するための過渡期とも言える時期です。その際には、古参社員が能力的に限界に陥ったり、右腕を1人から2人にしなくてはならなくなるなどの現象が現われますが、ここは我慢のしどころだと思います。

また、経営者が非情になるべきケースも出てきます。私の場合は、ドライバー上がりの管理職に小さな子供がいるのを知っていながらも、岡山に出向させて出直しをさせた例があります。彼は能力は高いのですが、マネジメント姿勢に問題があり、ドライバーから信頼してもらえませんでした。頭を冷やしてもらうためにも、4年間、岡山営業所で頑張ってもらいました。その後、岡山で実績を上げて、つい先日、本社に帰ってきました。彼の成長の跡は、目に見えるようでした。よく辞めずについてきてくれたと思っています。

そのとき、私の根底にあったのは、「仕事を任せた以上は、自分は1つ上のレベルの仕事に取り組む」「絶対に楽はしない」「ＯＮとＯＦＦをしっかりと分ける」ということです。これは、トップに限ったことではなく、ドライバーでも管理者でも、部下を持った者の共通の課題です。

売上10億円、従業員１００名以上のステージでは、トップは10日間、会社を空けられる状態にしておくことが大切です。多方面に経営者は行動範囲を広げておかないと、会社の成長が止まってしまうからです。

このように、ステージによって、トップのあり方が重要になることは言うまでもありません。**会社はトップの器以上に大きくならない**と言われることがありますが、今の自分を超えるためには、あえて困難な道を選択することが成功の秘訣ではないか、とつくづく思います。

COLUMN

クレーム対応はお客様から大切にされる会社になるチャンス

私は、ドライバーも生身の人間である以上、荷主からのクレームは避けられないことだと思っています。もちろん、ノークレームが理想ではありますが、それよりも大事なのが、その後の対応です。

私の会社の事例をお話ししましょう。それは、機械装置部品を名古屋で製作し、兵庫県の明石市にお届けしなくてはならない輸送案件でした。通常は、夕方すぎに積み込みを行ない、一時帰営をしてから、翌日の早朝に明石市に配達します。しかし、その日は台風が接近しており、荷主の配慮で、通常より早めに荷物を積み込みました。それにもかかわらず、ドライバーはすぐには出発せず、自己判断でいったん帰宅し、通常出発の3時間前（深夜0時）に車庫を出ました。確かに、通常はそれで十分な運行ですが、このときは台風の影響で既に渋滞が激しくなっており、結局、朝一番の生産ラインを停める寸前にまで到着が遅れてしまったのです。

台風が接近する前に現地に到着し、待機してくれるものと考えていた荷主のG社長は、相当にお怒りのご様子でした。私は、「取引停止されるかもしれない」という覚悟のもと、原因分析と改善策を提示し、謝罪しました。具体的には、100%の始業点呼の実施と、こまめな走行位置の把握、そしてドライバーの交代でした。できれば担当者のためにもドライバーの交代は避けたかったのですが、G社長の怒りはそれ以外に沈める術がありませんでした。

その後、G社長が当社に立ち寄られ、工場の統廃合の話がありました。「いよいよ取引停止か」と思ったのですが、G社長は「あのときのナルキュウさんのクレーム対応は素晴らしかったですよ」とおっしゃり、統廃合後も当社と取引を続ける方法を提案してくださいました。私はとても救われた気持ちになりました。

クレーム対応で大事なのは、荷主の気持ちを理解することです。そうすることで、お客様から大切にされる会社に成長することができるのです。

おわりに

本書を最後までお読みいただき、ありがとうございます。

この本を読んだ皆さんが、ドライバーを大きく成長させることで、確実に事故が減り、これまで以上に利益を積み上げていただけることを願い、執筆をしてきました。


書籍執筆を通じて、今まで、自分の軌跡を振り返るチャンスがなかったことに気づかされました。なぜ、運送会社を引き継ごうと思ったのか？　なぜ、私の会社のドライバーは、生き生きと仕事をしてくれるんだろうか？　事故が起きないのは、単なる偶然の連続なんじゃないだろうか？　いろいろなことを考えながら、過去の棚卸しをしていきました。

この棚卸しは、私に大きな財産を授けてくれました。運送業という仕事を通じて関わり合った多くの仲間や、荷主様、取引先の皆さんなど、お世話になった多くの方々に改めて感謝し、また、多くの失敗に対し、改めて大反省させられた「振り返り」の機会をいただけました。

その中で、多くの発見や再認識させられるようなこともありました。仕事は、やはり「好きだ」と思っている瞬間が一番伸びるということです。逆に、迷いや雑念があるときは、会社も自分も停滞していました。

私の会社では、毎年5月に、中部トラック総合研修センター（愛知県トラック協会）に全従業員が一斉に集う大イベントがあります。社内ドラコン・リフコンです。私が「ナルキュウカップ」と命名した、このイベントでは、社内№1のドライバーとリフトマンを選び出すだけでなく、組織の輪・結束を強める場となっています。全従業員の素晴らしい笑顔に溢れています。私にとっては、これが最高のひとときなのです。従業員の成長を見届けるのは、本当に幸せなことです。

プロドライバーづくりを通じて、育てる側も、育てられる側も全力になれる状態を生み出すことができます。小さな運送会社は、地道に人づくりをしていくことで、少しずつ「プロ集団」に近づいていくのです。

最後に、全日本トラック協会の齋藤常務（当時）から言っていただいた言葉をご紹介します。

「まずは1人の模範的なドライバーをしっかりと育成することが、中小運送事業者にとって、会社のレベルを上げる第一歩となります。そして、その延長上に業界の発展がある。

ナルキュウさんのような中小の運送事業者がどんどん出てくれることを願っています」「人を育てる」ことを大事にしてきた我われにとっては、とても心強いお言葉でした。この場をお借りして、感謝申し上げます。

本書を執筆するにあたっては、数多くの方々からご期待やご協力、ご助言をいただきました。私を執筆の機会に導いてくれたサトーカメラの佐藤専務、そして同文舘出版の古市編集長、担当編集の戸井田さんをはじめ、編集部の皆様からは多大なるご指導、ご支援をいただきました。本当にありがとうございました。また、愛知県トラック協会の吉野副会長には、この書籍の執筆にあたり、並々ならぬご支援をいただきました。この場をお借りし深く感謝申し上げます。

そして、日頃から私のことをよく理解してくれ、苦労を分かち合い、支えてくれている部下たち、私の大切な家族に「ありがとう」の言葉を添えたいと思います。

酒井　誠

著者略歴

酒井　誠（さかい　まこと）

（株）ナルキュウ、（株）ナルキュウ西部、鳴海急送（株）代表取締役

1964年生まれ。神奈川大学経済学部卒業。３年間の大手物流会社勤務の後、28歳で従業員10名、年商６千万円の鳴海急送合資会社の３代目に就任。企業価値をいかに高めるかを主眼に置き、新会社を設立、のちに分社化をし、リスクと資本の分散化に成功。非同族ながら社長就任20年で全国６拠点（愛知、茨城、神奈川、静岡、三重、岡山）、100名の従業員の物流企業グループを作り上げた。創立60年の節目となる2011年、全国トラックドライバー・コンテストに初出場。大手物流会社（日本通運、日立物流、センコーなど）がほぼ上位を独占する中、2013年には４トン部門で全国優勝する選手を輩出した。「小さな一流企業を目指して、社会に貢献できる人づくり（NALQマン）、会社づくり」を目指している。

■連絡先

鳴海急送株式会社

〒474-0001　愛知県大府市北崎町島原 28-1

TEL　0562-45-5087　FAX　0562-45-5088

URL　http://www.nalq2007.com/

■講演会、セミナー講師等のお問い合わせ

MAIL　m.sakai@narukyu.com

■一般社団法人　日本トラックドライバー育成機構

（東京本部）〒160-0004　東京都新宿区四谷 1-23　東貨健保会館４階

TEL　03-6273-0732　FAX　03-6273-0744

URL　http://www.jtdo.jp/

小さな運送・物流会社のための

「プロドライバー」を育てる3つのルール

平成25年８月２日　初版発行

平成29年８月７日　６刷発行

著　者——酒井　誠

発行者——中島治久

発行所——同文舘出版株式会社

東京都千代田区神田神保町1-41　〒101-0051

電話　営業03(3294)1801　編集03(3294)1802

振替　00100-8-42935　http://www.dobunkan.co.jp

ISBN978-4-495-52431-9

印刷／製本：三美印刷　Printed in Japan 2013